A SKANDINÁV ESZKÖZÖK LEÁLLÍTVA

100 autentikus skandináv íz elkészítése a semmiből

Zsombor Veres

Copyright Anyag ©2023

Minden jog fenntartva

A kiadó és a szerzői jog tulajdonosának megfelelő írásos beleegyezése nélkül ennek a könyvnek egyetlen része sem használható fel vagy továbbítható semmilyen formában vagy módon, kivéve az ismertetőben használt rövid idézeteket. Ez a könyv nem helyettesítheti az orvosi, jogi vagy egyéb szakmai tanácsokat.

TARTALOMJEGYZÉK

TARTALOMJEGYZÉK 3
BEVEZETÉS 6
REGGELI 7
   1. Norvég Krumkake 8
   2. Svéd sáfrányos gofri 11
   3. Svéd palacsinta 13
   4. Norvég karácsonyi kenyér 15
   5. Norvég palacsinta 17
   6. Dán rumos mazsolás muffin 19
   7. Dán tojássaláta 21
   8. Svéd sáfrányos zsemle (Saffransbröd) 23
   9. Svéd hasis étkezés 26
   10. Svéd sütőpalacsinta 28
   11. Dán rozskenyér 30
   12. Lefsa (norvég burgonyakenyér) 32
   13. Dán rozs gabona 34
   14. Svéd lapos kenyér 36
   15. Svéd sörös kenyér 38
   16. Raggmunk (svéd burgonyás palacsinta) 41
   17. Dán feta és spenótos gofri 43
   18. Tojás, sonka és sajtos palacsinta 45
   19. Norvég Boller zsemle 47
NAGYOK 49
   20. Dán Kringler 50
   21. Dán Aebleskiver 52
   22. Svéd Aniswe Twists 54
   23. Dán Dandies (Danske Smakager) 56
   24. Svéd húsgombóc előételek 58
   25. Norvég cukrozott dió 60
   26. Dán csigák 62
   27. Norvég mandulaszeletek 64
   28. Norvég csirkehúsgombóc 66
   29. Norvég húsgombóc szőlőzselében 68
SÜTIK 70
   30. Napóleon kalap süti mix 71
   31. Fattigmann (norvég karácsonyi sütemény) 73
   32. Svéd karácsonyi félhold 75
   33. Pepparkakor (svéd gyömbéres sütemény) 77
   34. Svéd hüvelykujj sütik 79
   35. Svéd zabpehely sütemény 81
   36. Svéd vajas sütemény 84
   37. Svéd fröccs sütik 86
   38. Svéd gyömbéres keksz 88
   39. Svéd narancsos gyömbéres 90

40. Norvég melasz sütik 92
41. Svéd mandulafélhold 94
KOLBÁSZ **96**
   42. Dán Liverwurst 97
   43. Dán sertéskolbász 99
   44. Svéd burgonya kolbász 101
   45. dán Oxford Horns 103
   46. Norvég kolbász 105
FŐTÁV **107**
   47. Svéd Janssons Frestelse Lasagna 108
   48. Kapros svéd borjúsült 110
   49. Hagymás hamburger, svéd módra 113
   50. Norvég buggyantott lazac szardellavajjal 115
   51. Svéd húsos cipó 117
   52. Svéd kapros marhasült 119
   53. Gravlax (svéd cukorral és sóval pácolt lazac) 121
   54. Svéd csirke saláta 124
   55. Norvég borókával pácolt lazac 126
   56. Svéd steak 128
   57. Norvég borsóleves 130
   58. Lazac grillezett hagymával 132
KÖRETEK ÉS SALÁTÁK **134**
   59. Norvég hússaláta 135
   60. Dán ropogós hagyma 137
   61. Dán feta sajtos sült paradicsom 139
   62. Norvég homár burgonyával és tejszínes salátával 141
   63. Svéd sült bab 144
   64. Norvég sült alma 146
   65. Dánkáposzta tekercs 148
   66. Svéd Cole-Slaw édesköményével 150
   67. Svéd Rutabagas 152
   68. Dán uborkasaláta 154
   69. Norvég petrezselymes burgonya 156
GYÜMÖLCSLEVESEK **158**
   70. Dán almaleves 159
   71. Norvég áfonyaleves 161
   72. Dán almaleves gyümölccsel és borral 163
   73. Dán édes leves 165
   74. Norvég gyümölcsleves (Sotsuppe) 167
DESSZERT **169**
   75. Svéd gyümölcs likőrben 170
   76. Svéd csokoládédesszert konungens tarts 172
   77. Dán kéksajtos pite 175
   78. Norvég mandulapuding 177
   79. Svéd piskóta 179
   80. Vegán svéd fahéjas tekercs (Kanelbullar) 181

81. Svéd Puff kávétorta 184
82. Svéd sajtos puding 186
83. Svédkrém bogyóval 188
84. Dán kúpok 190
85. Norvég karácsonyi puding 192
86. Svéd vörösáfonya Pavlova 194
87. Svéd csokitorta 196
88. Norvég kávétorta "Kringlas" 198
89. Dán almás és aszalt szilvás sütemény 200
90. Norvég rebarbara desszert 202
91. Svéd Tosca 204
92. Norvég Riskrem 207
93. Dán fondü 209
94. Svéd sajtos pite 211
95. Norvég lazactorták 213

ITALOK **215**
96. Istenkalapács 216
97. Orvos 218
98. Svéd kávékeverék 220
99. Svéd lándzsa 222
100. Dán kávé 224

KÖVETKEZTETÉS **226**

BEVEZETÉS

A „Skandináv étkek leleplezve" varázslatos birodalmában meleg meghívást adunk, hogy merüljön el Észak lenyűgöző ízeiben, ahol a karcolásos főzés művészete minden ételt kulináris remekművé változtat. Ez a szakácskönyv kapuként szolgál a skandináv konyha gazdag faliszőnyegeinek felfedezéséhez, feltárva azokat a titkokat és hagyományokat, amelyek ezeket az északi élvezeteket a kulináris lenyűgöző birodalmává emelték.

Képzelje el Skandinávia nyugodt fjordjait, zöldellő erdőit és meghitt konyháit, ahol minden étkezés az egyszerűség, frissesség szimfóniája, és mély kapcsolat a régió gazdag természeti kincseivel. A "Skandináv Eats Unveiled" nem pusztán recept-összeállítás; Ez egy átfogó útmutató, amely arra invit, hogy készítsen el 100 autentikus skandináv ízt saját konyhája kényelmében – egy utazás, amely az északi esszenciát közvetlenül az asztalára hozza.

Miközben belevág ebbe a kulináris ódüsszeába, készüljön fel, hogy kiaknázza konyhája teljes potenciálját. Gyönyörködjön abban, hogy felfedezheti, hogy helyi alapanyagokból dolgozhat , korhű technikákat csiszolhat, és alkotásait áthatja azzal a melegséggel és hitelességgel, amely meghatározza a skandináv otthoni főzés szívét. Akár a smørrebrød zamatos szimfóniája, akár a skandináv finomságok édes vonzereje vonzza Önt, ezeken az oldalakon minden egyes recept Észak lelkéhez vezet – egy olyan helyre, ahol minden falat a kulturális gazdagság és a kulináris örökség történetét meséli el.

Csatlakozzon hozzánk a skandináv ételek szívében rejlő titok feltárásában. Minden karcolásból készült alkotás szívből jövő tisztelgés a skandináv gasztronómia tartós vonzereje előtt, ahol a hitelesség uralkodik. Konyhája rezonáljon a kapor megnyugtató illatával, a rozs összetéveszthetetlen esszenciájával, és azzal a puszta elégedettséggel, amelyet ezeknek az autentikus ízeknek a saját kezű megalkotása okoz.

Szóval, hadd bontakozzon ki a kulináris kaland. Legyen a „Skandináv étkek leleplezve" az Ön útmutatója, amely végigvezeti az északi ízek csodáin, konyháját pedig örökre áthatja az északi vendégszeretet szelleme és a karcolásból készült skandináv finomságok időtlen vonzereje. Skål!

REGGELI

1.norvég Krumkake

ÖSSZETEVŐK:
- 1 csésze univerzális liszt
- ½ csésze kristálycukor
- 2 nagy tojás
- ½ csésze sózatlan vaj, olvasztott
- ½ csésze nehéz tejszín
- ½ teáskanál őrölt kardamom (elhagyható)
- ½ teáskanál vanília kivonat
- Porcukor a porozáshoz (opcionális)

KÜLÖNLEGES FELSZERELÉS:
- Krumkake vasaló (egy speciális gofrikúp készítő)
- Krumkake kúpos henger (a gofri kúp alakú formázásához)

UTASÍTÁS:

a) Egy keverőtálban keverjük össze a lisztet és a cukrot.
b) Egy külön tálban verjük fel a tojásokat. Adjuk hozzá az olvasztott vajat, a tejszínt, a kardamomot (ha használjuk) és a vaníliakivonatot. Jól összekeverjük.
c) A nedves hozzávalókat a száraz hozzávalókhoz öntjük, és addig keverjük, amíg sima tésztát nem kapunk. A tésztának hasonlónak kell lennie a palacsintatésztához.
d) Melegítse elő a krumkake vasalót a gyártó utasításai szerint.
e) Enyhén kenje meg a forró krumkake vasalót főzőspray-vel vagy olvasztott vajjal.
f) Körülbelül 1 evőkanál tésztát kanalazunk a vasaló közepére, és szorosan zárjuk le.
g) Főzzük a krumkakét körülbelül 20-30 másodpercig, vagy amíg aranybarna nem lesz. Az égés elkerülése érdekében alaposan figyelje meg.
h) Óvatosan távolítsa el a krumkakét a vasról egy villával vagy spatulával, és egy krumkake kúpos hengerrel azonnal kúp alakúra tekerje. Legyen óvatos, mert a krumkake forró lesz.
i) A feltekercselt krumkakét rácsra tesszük kihűlni és megdermedni. Kihűlve ropogós lesz.
j) Ismételje meg a folyamatot a maradék tésztával, minden alkalommal zsírozza meg a vasalót.
k) Ha a krumkake kúpok kihűltek és ropogóssá váltak, tetszés szerint porcukorral megszórhatjuk őket.
l) Tálalja a krumkake tobozokat, ahogy vannak, vagy töltse meg őket tejszínhabbal, gyümölcskonzervekkel vagy más édes töltelékkel.
m) A maradék krumkake-et légmentesen záródó edényben tárolja, hogy megőrizze ropogósságát.

2.Svéd sáfrányos gofri

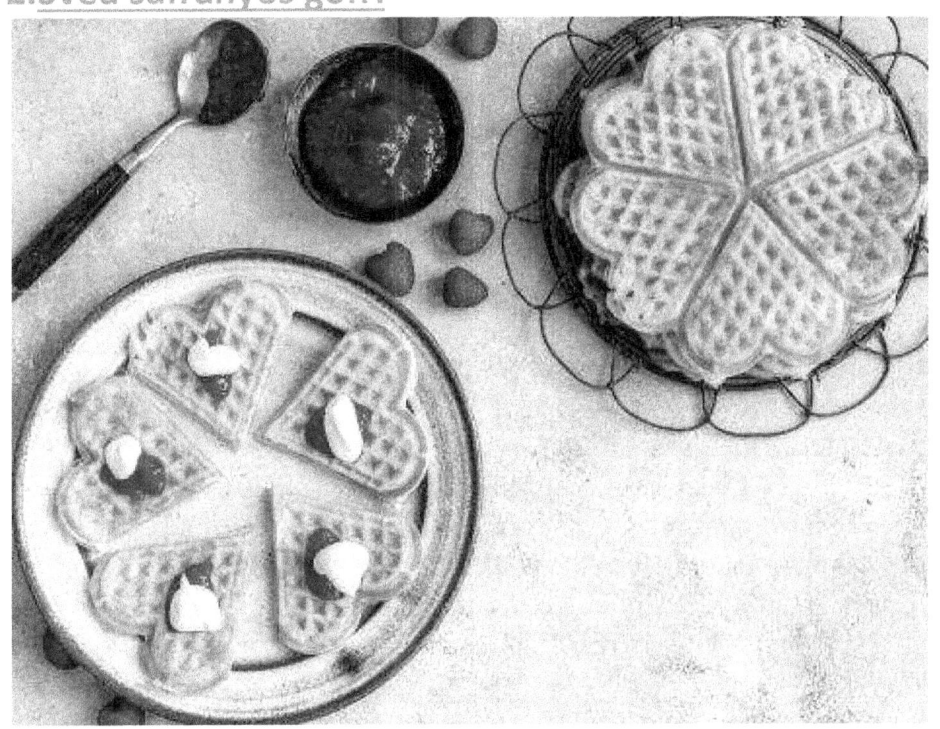

ÖSSZETEVŐK:
- 2 csésze univerzális liszt
- ½ csésze kristálycukor
- 1 evőkanál sütőpor
- ¼ teáskanál só
- ½ teáskanál őrölt kardamom
- ½ teáskanál sáfrányszál
- 2 ½ csésze tej
- ½ csésze sózatlan vaj, megolvasztva és lehűtve
- 2 nagy tojás
- Tejszínhab és vörösáfonyalekvár, tálaláshoz (elhagyható)

UTASÍTÁS:
a) Egy kis tálban törje össze a sáfrányszálakat mozsárban és mozsártörővel, amíg ki nem engedi illatát és színét.
b) Egy nagy keverőtálban keverjük össze a lisztet, a cukrot, a sütőport, a sót, az őrölt kardamomot és a zúzott sáfrányt.
c) Egy külön tálban keverjük jól össze a tejet, az olvasztott vajat és a tojásokat.
d) A nedves hozzávalókat a száraz hozzávalókhoz öntjük, és addig keverjük, amíg sima tésztát nem kapunk. A tésztának önthető állagúnak kell lennie.
e) Fedjük le a tésztát, és hagyjuk szobahőmérsékleten 30 percig pihenni, hogy az ízek összeérjenek.
f) Melegítse elő a gofrisütőt a gyártó utasításai szerint.
g) Enyhén kenje ki a forró gofrisütőt főzőspray-vel vagy olvasztott vajjal.
h) Öntse a tészta egy részét a vasaló közepére, az ajánlott mennyiséget a gofrisütő méretének megfelelően.
i) Zárja le a gofrisütőt, és süsse addig, amíg a sáfrányos gofri aranybarna és ropogós nem lesz.
j) Óvatosan vegye ki a sáfrányos gofrit a vasalóból, és helyezze rácsra, hogy kissé kihűljön.
k) Ismételje meg a folyamatot a maradék tésztával, minden alkalommal zsírozza meg a vasalót.
l) A sáfrányos gofrit melegen, vagy egy kanál tejszínhabbal és egy kanál vörösáfonyalekvárral a tetejére tálaljuk.

3.Svéd palacsinta

ÖSSZETEVŐK:

- 4 extra nagy tojás, szétválasztva
- 1 csésze univerzális liszt
- 1/2 teáskanál só
- 2 evőkanál fehér cukor
- 1 csésze tej
- 3 evőkanál tejföl
- 4 tojás fehérje
- 3 evőkanál növényi olaj

UTASÍTÁS:

a) A tojássárgáját egy közepes méretű keverőtálban habosra keverjük. Egy külön tálba szitáljuk össze a cukrot, a sót és a lisztet. Fokozatosan adjuk hozzá a cukros keveréket és a tejet a felvert tojássárgájához. Belekeverjük a tejfölt.

b) A tojásfehérjét egy közepes méretű keverőtálban felverjük, ügyelve arra, hogy ne legyen száraz, hanem kemény legyen. A tojásfehérjét a masszába forgatjuk.

c) Öntsön egy kis mennyiségű olajat egy magas hőmérsékletre melegített serpenyőbe vagy serpenyőbe. Tegyen körülbelül 1 evőkanál tésztát a serpenyőbe, és egyenletesen terítse el a tésztát. Melegítsük fel a palacsintát, amíg az egyik oldala megpirul.

d) Fordítsa meg a palacsintát, ha a felülete buborékokat tartalmaz. A másik oldalát addig melegítjük, amíg meg nem barnul, és ismételjük meg ezt a folyamatot a maradék tésztával.

4.Norvég karácsonyi kenyér

ÖSSZETEVŐK:

- 2 csomag Száraz élesztő
- ½ csésze meleg víz
- 1 teáskanál cukor
- 1 csésze tej, leforrázva
- ½ csésze vaj
- 1 tojás, felvert
- ½ csésze cukor
- ½ teáskanál Só
- ¾ teáskanál kardamom
- 5 csésze liszt, kb
- ½ csésze citrom, vágva
- ½ csésze kandírozott cseresznye, feldarabolva
- ½ csésze fehér mazsola

UTASÍTÁS:

a) Az élesztőt kevés cukorral meleg vízben felfuttatjuk.
b) Forraljuk fel a tejet és adjunk hozzá vajat; langyosra hűtjük. Adjuk hozzá a tojást, majd az élesztős keveréket.
c) Adjunk hozzá cukrot, sót és kardamomot. Belekeverünk 2 csésze lisztet és jól összekeverjük.
d) Keverjük össze a gyümölcsöt a maradék liszttel, hogy ne tapadjanak össze, és adjuk hozzá a keverékhez.
e) Belekeverjük a maradék lisztet. Lisztezett ruhán simára gyúrjuk. Kiolajozott tálba tesszük. Letakarjuk, és duplájára kelesztjük.
f) A tésztát két részre osztjuk és kerek cipókat formálunk belőle. Kikent sütilapokra vagy piteformákra helyezzük. Majdnem duplájára kelesztjük.
g) 350 Fahrenheit fokon 30-40 percig sütjük.
h) Melegen kenjük meg puha vajjal, vagy díszítsük mandula aromával kevert porcukormázzal, majd adjuk hozzá a mandulát és még több kandírozott cseresznyét.

5.Norvég palacsinta

ÖSSZETEVŐK:
- 1 evőkanál olvasztott vaj
- ⅔ csésze tej
- 2 tojássárgája
- 2 tojásfehérje
- ¼ csésze Sűrű tejszín
- 1 teáskanál Sütőpor
- ½ csésze liszt

UTASÍTÁS:
a) A lisztet, a sütőport, a tejet és a tojássárgáját szép sima masszává keverjük.
b) Adjuk hozzá a tejszínt és az olvasztott vajat.
c) A tojásfehérjét kemény habbá verjük, majd a masszához forgatjuk.
d) A tésztát egy 8-12"-es serpenyőben megsütjük.
e) Ha megsült, a palacsintát megkenjük bármilyen lekvárral, majd négyfelé hajtva desszertként tálaljuk.

6.Dán rumos mazsolás muffin

ÖSSZETEVŐK:

- 1 csésze mazsola
- 1 csésze sötét rum
- 2 csésze Liszt
- ½ csésze cukor
- 1½ teáskanál Sütőpor
- ½ teáskanál szódabikarbóna
- ¼ teáskanál Só
- ¼ teáskanál szerecsendió
- ¾ Ragaszd fel a vajat
- 1 csésze tejföl
- 1 tojás
- ¾ teáskanál vanília

UTASÍTÁS:

a) Áztassuk be a mazsolát egy éjszakára rumba. Lecsepegtetjük, és lefőzzük a rumot.
b) Egy nagy tálban keverjük össze a száraz hozzávalókat a liszttel, a cukorral, a sütőporral, a szódabikarbónával, a sóval és a szerecsendióval.
c) Vágja bele a vajat, amíg durva liszthez nem hasonlít.
d) Belekeverjük a lecsepegtetett mazsolát.
e) Egy külön tálban keverjük simára a tejfölt, a tojást, a vaníliát és a 2 evőkanál rumot.
f) A száraz hozzávalókkal mélyedést készítünk, és beleöntjük a nedves keveréket.
g) A muffinformákat ¾-ig megtöltjük a masszával.
h) Előmelegített 190 °C-os sütőben süssük barnulásig, körülbelül 20 percig.

7.Dán tojássaláta

ÖSSZETEVŐK:
- ½ font Fagyasztott borsó
- 1 doboz (2,25 uncia) kis garnélarák
- 6 tojás; 10 percig forraljuk
- 3 uncia füstölt lazac
- 1½ uncia majonéz
- 4 uncia Tejföl
- Só és bors ízlés szerint
- 1 csipet cukor
- ¼ citrom; lé
- ½ csokor petrezselyem; apróra vágva
- 1 paradicsom
- Petrezselyem darabkák

UTASÍTÁS:
a) Főzzük a borsót a csomagoláson található utasítások szerint; leszűrjük és hagyjuk kihűlni.
b) A garnélarákot lecsepegtetjük.
c) A főtt tojást megpucoljuk és felszeleteljük.
d) A füstölt lazacot apró csíkokra vágjuk.
e) Keverje össze az összes összetevőt.
f) Készítse el a pácot a majonéz, a tejföl, a só, a bors, a cukor, az apróra vágott petrezselyem és a citromlé ízlés szerint összekeverésével.
g) Óvatosan keverjük össze az összes hozzávalót, és tegyük hűtőbe 10-15 percre.
h) A paradicsomot meghámozzuk és szeletekre vágjuk.
i) Díszítsük a salátát petrezselyemmel.

8.Svéd sáfrányos zsemle (Saffransbröd)

ÖSSZETEVŐK:
- ½ teáskanál szárított sáfrányszál
- 1 csésze fele és fele
- 2 boríték száraz élesztő
- ¼ csésze langyos víz
- 1 evőkanál cukor
- ⅓ csésze cukor
- 1 teáskanál só
- ⅓ csésze sótlan vaj
- 1 tojás, felvert
- 4 csésze szitált liszt, vagy szükség szerint
- 1 tojássárgáját felverjük 1 evőkanál tejjel
- 1 tojásfehérje, felvert
- Mazsola vagy ribizli, díszítéshez
- Csomócukor, összetörve
- Reszelt blansírozott mandula

UTASÍTÁS:
a) A száraz sáfrányt finom porrá törjük, és 1 vagy 2 evőkanál langyos fele-fele arányban áztassuk 10 percig.
b) ¼ csésze langyos vízbe szórjuk az élesztőt, adjunk hozzá 1 evőkanál cukrot, enyhén fedjük le, és tegyük félre meleg helyen 5-10 percre, vagy amíg habos nem lesz.
c) A maradék felét forrázzuk le, és adjunk hozzá ½ csésze cukrot, sót és vajat. Addig keverjük, amíg a vaj elolvad. Langyosra hűtjük.
d) Adjuk hozzá a leforrázott keveréket az élesztős keverékhez a leszűrt sáfrányos tejjel és 1 felvert tojással együtt. Jól összekeverni.
e) Fokozatosan keverje hozzá a lisztet, amíg sima és nem ragacsos, de puha és rugalmas lesz. 10 percig gyúrjuk, vagy amíg fényes és rugalmas nem lesz.
f) Helyezzük a tésztát egy enyhén lisztezett tálba, szórjuk meg liszttel a tészta tetejét, lazán fedjük le, és tegyük huzatmentes sarokban kelni, hogy duplájára keljen, körülbelül másfél óráig.
g) A tésztát lenyomkodjuk, és 2-3 percig dagasztjuk. Formázza formákká (a "macskák" esetében az alábbiak szerint). Hagyjuk kelni 30 percig, és előmelegített sütőben 400 fokon süssük 10 percig. Csökkentse a hőt 350 °F-ra, és süsse még 30 percig, vagy amíg aranybarna nem lesz.

Lussekatter – Lucia macskák:

h) Csípje le a tészta kis darabjait, és 5-7 hüvelyk hosszú kolbászformákra nyújtsa őket.
i) Helyezze ezeket a csíkokat párban egymáshoz, a középpontjukat összecsípve, majd a négy végét tekerje ki.
j) Lekenjük tojássárgás mázzal és megsütjük.
k) Egy kevés tojásfehérje segítségével a forró zsemle minden tekercsének közepébe egy mazsolát vagy ribizlit szúrunk.

9.Svéd hash étkezés

ÖSSZETEVŐK:
- 1 és 1/2 evőkanál olívaolaj
- 1/2 kg burgonya, meghámozva és felkockázva
- 1 közepes hagyma, apróra vágva
- 5 uncia füstölt sertéshús, kockára vágva
- 5 uncia sonka, felkockázva (kb. 1/2 csésze, púpozott)
- 10 uncia kolbász kockára vágva (kb. 300 gramm)
- só és bors, a fűszerezéshez
- petrezselyem, durvára vágva a díszítéshez

UTASÍTÁS:
a) Tegyen fel egy közepes vagy nagy serpenyőt közepesen magas lángon, majd adjon hozzá olajat.
b) Amikor az olaj felforrósodott, hozzáadjuk a kockára vágott burgonyát.
c) Addig főzzük, amíg a burgonya félig elkészül.
d) Adjuk hozzá a hagymát, sózzuk, borsozzuk.
e) Állítsa a hőt közepesre, és főzze körülbelül 4 percig, vagy amíg a hagyma megpuhul.
f) Adjuk hozzá a füstölt sertéshúst, a sonkát és a kolbászt.
g) Addig főzzük, amíg a burgonya készen nem lesz, miközben ezalatt ellenőrizzük és állítsuk be a fűszerezést.
h) Vegyük le a serpenyőt a tűzről, és tegyük tányérokba.
i) Néhány ecetes répával és tükörtojással tálaljuk.

10.Svéd sütőpalacsinta

ÖSSZETEVŐK:
- 3 csésze tej
- 4 nagy tojás
- 2 csésze Liszt
- 4 evőkanál vaj, olvasztott
- 1 teáskanál Só
- 2 evőkanál cukor

UTASÍTÁS:
a) A tojásokat jól felverjük.
b) Adjuk hozzá a tejet, az olvasztott vajat, a sót és a lisztet.
c) Kivajazott 9 x 13-as tepsiben 425°F-os sütőben 25-30 percig sütjük.
d) Négyzetekre vágva vajjal és sziruppal azonnal tálaljuk.

11. Dán rozskenyér

ÖSSZETEVŐK:

1. nap
- 2 csésze (500 ml) szobahőmérsékletű víz
- 3 csésze (300 g) teljes kiőrlésű rozsliszt
- 1 uncia. (25 g) rozskovászos előétel

2. nap
- 4 csésze (1 liter) szobahőmérsékletű víz
- 8 csésze (800 g) teljes kiőrlésű rozsliszt
- 2 csésze (250 g) teljes kiőrlésű liszt
- 2 evőkanál (35 g) só
- 4½ oz. (125 g) napraforgómag
- 4½ oz. (125 g) tökmag
- 2½ oz. (75 g) egész lenmag

UTASÍTÁS:

a) A hozzávalókat jól összekeverjük és egy éjszakán át szobahőmérsékleten állni hagyjuk.

b) Az előző napon elkészített tésztát összedolgozzuk az új hozzávalókkal. Körülbelül 10 percig alaposan keverjük össze.

c) Osszuk el a tésztát három 8 × 4 × 3 hüvelykes (1½ literes) cipóformába. A serpenyőket csak az út kétharmadáig szabad megtölteni. Meleg helyen 3-4 órát kelesztjük.

d) A sütő kezdeti hőmérséklete: 475 °F (250 °C)

e) Helyezze az edényeket a sütőbe, és csökkentse a hőmérsékletet 350 °F-ra (180 °C). Öntsön egy csésze vizet a sütő aljára. 40-50 percig sütjük a cipókat.

f) 2. nap: Keverjük össze a többi hozzávalót az előételhez.

g) Jól keverjük össze a tésztát körülbelül 10 percig.

h) Helyezze a tésztát egy 8 × 4 × 3 hüvelykes cipóformába (1 1/2 liter). Az edényt legfeljebb kétharmadáig töltse fel a tetejéig. Addig kelesztjük, amíg a tészta el nem éri a tepsi szélét.

12. Lefsa (norvég burgonya kenyér)

ÖSSZETEVŐK:
- 3 csésze Instant Hungry Jack burgonyapüré
- 1 teáskanál Só
- ¼ csésze margarin
- 1 csésze tej
- 1 csésze Liszt
- Ízlés szerint vaj és barna cukor

UTASÍTÁS:
a) A margarint és a sót 1 csésze forrásban lévő vízben felolvasztjuk. Öntsük a keveréket instant burgonyapürére, és keverjük össze.
b) Adjunk hozzá 1 csésze tejet és 1 csésze lisztet; keverjük össze, majd hűtsük le a hűtőben.
c) Forgassa a keveréket golflabda méretű labdákká, majd nyújtsa vékonyra.
d) Forró rácson (enyhén olajozottan) sütjük, mindkét oldalát enyhén megpirítjuk.
e) Tekerje fel a lefsát a vajjal és a barna cukorral. Alternatív megoldásként ízlése szerint más tölteléket is helyettesíthet.

13. Dán rozs gabona

ÖSSZETEVŐK:
- 1 csésze egész rozsbogyó, feldolgozatlan
- 2 teáskanál őrölt fahéj
- 1 teáskanál köménymag
- 1 evőkanál vanília kivonat
- 3 csésze Víz
- ¼ csésze mazsola
- Ricotta sajt (elhagyható)
- Cukor (opcionális)

UTASÍTÁS:
a) Keverje össze az összes hozzávalót a mazsola, a ricotta és a cukor kivételével egy serpenyőben; jól összekeverni.
b) Forraljuk fel.
c) Csökkentse a lángot, és főzzük lefedve 1 órán át. Időnként keverje meg; ha szükséges, adjunk hozzá még vizet, nehogy megégjen.
d) A főzés utolsó 15 percében adjunk hozzá mazsolát.
e) Az egyes adagok tetejére tetszés szerint tegyünk ricotta sajtot és cukrot.

14.Svéd lapos kenyér

ÖSSZETEVŐK:
- 2 csésze fehér liszt
- ¾ csésze rozsliszt
- ¼ csésze cukor
- ½ teáskanál szódabikarbóna
- ½ teáskanál Só
- ½ csésze vaj vagy margarin
- 1 csésze író
- 2 evőkanál édesköménymag

UTASÍTÁS:
a) Egy tálban keverjük össze a fehér lisztet, a rozslisztet, a cukrot, a sót és a szódabikarbónát.
b) A margarinban addig vágjuk, amíg a keverék finom morzsára nem hasonlít.
c) Keverjük hozzá az írót, és adjuk hozzá az édesköménymagot villával, amíg a keverék össze nem áll.
d) A tésztából kis golyókat formázunk, és lisztezett deszkán nagyon vékony, körülbelül négy-öt hüvelyk átmérőjű köröket formázunk belőlük.
e) Süssük ki nem zsírozott lapokon 375 °F-on körülbelül öt percig, vagy amíg világosbarna nem lesz.

15.Svéd sörös kenyér

ÖSSZETEVŐK:
- 1 csomag Száraz élesztő
- 1 teáskanál kristálycukor
- ½ csésze víz, meleg (100°F)
- 2 csésze Sör, langyosra melegítve
- ½ csésze méz (ízlés szerint módosítani)
- 2 evőkanál vaj, olvasztott
- 2 teáskanál Só
- 1 teáskanál őrölt kardamom (elhagyható)
- 1 evőkanál kömény, zúzott, vagy ¾ teáskanál ánizs, zúzott
- 2 evőkanál narancshéj, frissen vagy kandírozva, apróra vágva
- 2½ csésze liszt, rozs
- 3 csésze liszt, fehérítetlen

UTASÍTÁS:
a) Egy nagy tálban meleg vízben feloldjuk az élesztőt és a cukrot, és öt percig kelesztjük.
b) Keverjük össze a sört, a mézet, az olvasztott vajat és a sót. Jól elkeverjük és az élesztős keverékhez adjuk.
c) Hozzáadjuk a kardamomot, a zúzott köménymagot vagy az ánizst és az apróra vágott narancshéjat. Jól összekeverni.
d) Keverjük össze a liszteket, majd adjunk hozzá három csészényi keveréket a folyadékhoz. Üss lendületesen.
e) Fedjük le konyharuhával, és hagyjuk kelni meleg, sötét helyen körülbelül egy órán keresztül.
f) Keverjük össze, és adjunk hozzá annyi maradék lisztet, hogy elég kemény, de ragadós tésztát kapjunk.
g) Jól lisztezett deszkára borítjuk, és addig dolgozzuk, amíg sima és rugalmas nem lesz. Adjunk hozzá még lisztet a deszkához, ha szükséges.
h) A tésztából golyót formálunk, a felületét olajozzuk meg, majd olajozott tálba tesszük. Fedjük le konyharuhával, és hagyjuk kelni másodszor, körülbelül egy órát.
i) Legyúrjuk, két golyót formázunk, majd kivajazott, kukoricaliszttel megszórt tepsire tesszük.
j) Kenjük meg olvasztott vajjal, fedjük le lazán viaszpapírral, és tegyük hűtőbe három órára.
k) Vegyük ki a hűtőből, és fedetlenül hagyjuk tíz-tizenöt percig a pulton állni.
l) 375 °F-os sütőben süssük addig, amíg a kenyér üregesnek nem tűnik, ha az aljára koppintunk, körülbelül 40-45 percig.
m) Szeletelés előtt hűtsük le.

16. Raggmunk (svéd burgonyás palacsinta)

ÖSSZETEVŐK:

- 3 evőkanál Liszt
- ½ teáskanál Só
- 1¼ deciliter sovány tej
- 1 tojás
- 90 gramm burgonya, hámozott
- 1 teáskanál olaj vagy margarin

UTASÍTÁS:

a) A lisztet és a sót a tej felével habosra keverjük.
b) Adjuk hozzá a tojást és a többi tejet.
c) A burgonyát lereszeljük, és a keverékhez adjuk. Jól keverjük össze.
d) A margarint egy serpenyőben felolvasztjuk.
e) A keverékből vékony réteget tegyünk a serpenyőbe, és világosbarnára sütjük.
f) Megfordítjuk és a másik oldalát is barnára sütjük.
g) Tálalja Raggmunkot cukrozatlan vörösáfonyalekvárral és néhány zöldséggel. A burgonya egy részét sárgarépával is helyettesítheti a variáció kedvéért. Élvezze a svéd burgonyás palacsintát!

17.Dán feta és spenótos gofri

ÖSSZETEVŐK:

- 2 tojás, szétválasztva
- 1 ½ csésze tej
- 125 g vaj, olvasztott
- 1½ csésze önkelesztő liszt
- 1 teáskanál só
- 150 g puha feta, durvára morzsolt ¼ csésze reszelt parmezán
- 150 g fagyasztott spenót, kiolvasztva, a felesleges nedvességet kinyomva
- Roston sült bacon és paradicsom a tálaláshoz

Módszer

1. Válassza ki a BELGIAN beállítást, és tárcsázza a 6-os számot a barnításvezérlő tárcsán.
2. Melegítse elő, amíg a narancssárga fény fel nem villan, és a HEATING felirat el nem tűnik.
3. A tojássárgáját, a tejet és a vajat habosra keverjük.
4. Tegye a lisztet és a sót egy nagy tálba, és készítsen mélyedést a közepébe.
5. Óvatosan keverje hozzá a tojás és a tej keverékét, hogy sima tésztát kapjon. Keverje hozzá a morzsolt fetát és a spenótot.
6. A tojásfehérjét kemény habbá verjük, majd óvatosan a masszába forgatjuk.
7. A gofri adagolópohár segítségével öntsön ½ csésze tésztát minden gofri négyzetbe. Zárja le a fedelet, és süsse addig, amíg az időzítő le nem jár, és háromszor megszólal a készenléti hangjelzés. Ismételje meg a maradék tésztával.
8. Grillezett szalonnával és paradicsommal tálaljuk.

18. Tojás, sonka és sajtos palacsinta

ÖSSZETEVŐK:
- Olvasztott tisztított vaj
- 2 csésze sós hajdina palacsintatészta
- 8 tojás
- 4 uncia aprított dán sonka
- 4 uncia Shredded Monterey jack
- Sajt

UTASÍTÁS:
a) Melegíts fel egy 9 vagy 10 hüvelykes Crêpe serpenyőt vagy serpenyőt közepesen magas lángon.
b) Bőségesen megkenjük olvasztott vajjal.
c) Amikor a vaj serceg, adj hozzá ¼ csésze hajdina palacsintát, és forgasd meg, hogy bevonja a serpenyőt.
d) A tészta közepébe óvatosan törj fel egy tojást, a sárgáját tartsd egészben.
e) Addig főzzük, amíg a fehérje megpuhul, a sárgája folyós maradjon.
f) A tetejére ½ uncia sonkát és ½ uncia sajtot teszünk.
g) Óvatosan hajtsa rá a Crêpe oldalát a sajtra. Távolítsa el a Crêpe-t egy meleg tányérra egy spatulával.
h) Folytassa a maradék krepptésztával és a tojással.

19.Norvég Boller zsemle

ÖSSZETEVŐK:

- 1½ csésze tej
- 1½ uncia friss élesztő
- 3 uncia vaj
- 4 csésze búzaliszt
- ½ csésze cukor
- 2 teáskanál őrölt kardamom
- Mazsola ízlés szerint (elhagyható, 1-2 csésze)
- 1 tojás a mázhoz

UTASÍTÁS:

a) Kezdje a vaj megolvasztásával, és hagyja langyosra hűlni.
b) Melegítse fel a tejet körülbelül 37 °C-ra, ügyelve arra, hogy langyos hőmérsékletű legyen.
c) A langyos tejben elkeverjük a friss élesztőt. Ha száraz élesztőt használunk, akkor közvetlenül a liszthez keverjük.
d) Egy külön tálban keverje össze a cukrot, az őrölt kardamomot és a mazsolát (ha szükséges) a liszttel.
e) Adjuk hozzá a tejet és az élesztőt a száraz hozzávalókhoz, majd az olvasztott és kihűlt vajat. Erősen keverjük, amíg a tészta fényes és rugalmas nem lesz. Ha túl ragacsos a tészta, tehetünk bele még egy kis lisztet.
f) Fedjük le a tésztát műanyag fóliával, és helyezzük meleg helyre. Hagyjuk kelni, amíg a duplájára nem nő, ami általában körülbelül 45-60 percet vesz igénybe. Ha kringle-t készít, itt hagyja abba.
g) Édes zsemléhez enyhén átgyúrjuk a tésztát, és hosszú kolbászt formázunk belőle. A tésztát 24 egyenlő részre osztjuk, és mindegyik darabból kerek golyót formázunk.
h) A formált zsemléket kivajazott tepsire helyezzük, és további 20 percig kelesztjük.
i) Melegítse elő a sütőt az ajánlott hőmérsékletre.
j) A tojást felverjük, és ezzel kenjük meg a zsemle tetejét.
k) A sütő középső rácsán addig sütjük a zsemléket, amíg szép barnára nem pirulnak az oldaluk.
l) Élvezze a házi készítésű édes boller zsemlét!

NAGYON

20.dán Kringler

ÖSSZETEVŐK:
- 2 ¼ csésze univerzális liszt
- 2 evőkanál kristálycukor
- 1 teáskanál instant élesztő
- ½ teáskanál só
- ½ csésze tej, langyos
- 2 evőkanál sótlan vaj, olvasztott
- 1 tojás, felvert

A FELTÉTHEZ:
- 1 tojás, felvert
- Gyöngycukor vagy durva cukor a szóráshoz

UTASÍTÁS:
a) Egy nagy keverőtálban keverje össze a lisztet, a cukrot, az instant élesztőt és a sót.
b) A száraz hozzávalókhoz adjuk a langyos tejet, az olvasztott vajat és a felvert tojást. Addig keverjük, amíg a tészta összeáll.
c) Tegye át a tésztát enyhén lisztezett felületre, és gyúrja körülbelül 5-7 percig, amíg sima és rugalmas lesz.
d) Helyezzük vissza a tésztát a tálba, fedjük le tiszta ruhával, és hagyjuk kelni meleg helyen körülbelül 1 órán keresztül, amíg a duplájára nem nő.
e) Melegítsük elő a sütőt 190 °C-ra (375 °F). Egy tepsit kibélelünk sütőpapírral.
f) A tésztát 6 egyenlő részre osztjuk. Minden darabot egy hosszú, körülbelül 20 hüvelyk hosszú kötéllé tekerjünk.
g) Formázzunk minden kötelet perecszerű csomóvá, a végeit keresztezzük egymáson, és a tészta alá dugjuk.
h) A megformázott kringlereket az előkészített tepsire helyezzük. Kenjük meg őket felvert tojással, és szórjuk meg gyöngycukorral vagy durvacukorral.
i) Előmelegített sütőben körülbelül 12-15 percig sütjük, vagy amíg aranybarna nem lesz.
j) Tálalás előtt vegyük ki a sütőből és hagyjuk kicsit kihűlni.

21.dán Aebleskiver

ÖSSZETEVŐK:

- 1 ½ csésze univerzális liszt
- 2 evőkanál cukor
- ½ teáskanál sütőpor
- ¼ teáskanál só
- 1 ¼ csésze író
- 2 nagy tojás
- Vaj vagy olaj, főzéshez
- Porcukor, tálaláshoz
- Lekvár vagy befőtt, tálaláshoz

UTASÍTÁS:

a) Egy keverőtálban keverjük össze a lisztet, a cukrot, a sütőport és a sót.
b) Egy külön tálban habosra keverjük az írót és a tojást.
c) A nedves hozzávalókat a száraz hozzávalókhoz öntjük, és addig keverjük, amíg össze nem áll.
d) Melegíts fel egy aebleskiver serpenyőt közepes lángon, és kend meg enyhén vajjal vagy olajjal.
e) Töltsük meg a serpenyő minden mélységét tésztával, körülbelül ¾-ig.
f) Süssük aranybarnára az aebleskivert, majd nyárssal vagy kötőtűvel fordítsuk meg, és süssük meg a másik oldalukat is.
g) Ismételje meg a maradék tésztával. Az aebleskivert porcukorral meghintve, lekvárral vagy befőtttel tálaljuk.

22. Svéd Aniswe Twists

ÖSSZETEVŐK:

- 2 1/2 csésze univerzális liszt
- 1/2 csésze sózatlan vaj, megpuhult
- 1/2 csésze kristálycukor
- 2 teáskanál ánizs kivonat
- 1/2 teáskanál sütőpor
- 1/4 teáskanál só
- 1 tojás
- Gyöngycukor a szóráshoz (elhagyható)

UTASÍTÁS:

a) Melegítsük elő a sütőt 190 °C-ra, és béleljünk ki egy tepsit sütőpapírral.
b) Egy nagy keverőtálban keverjük össze a lágy vajat, a kristálycukrot és az ánizskivonatot, amíg világos és habos nem lesz.
c) Egy külön tálban keverjük össze a lisztet, a sütőport és a sót.
d) Fokozatosan adjuk hozzá a száraz hozzávalókat a vajas keverékhez, minden hozzáadás után jól keverjük össze.
e) Addig verjük a tojást, amíg összeáll a tészta.
f) A tésztát kis darabokra osztjuk, és mindegyik darabot hosszú, körülbelül 8 hüvelyk hosszú zsinórra sodorjuk.
g) Minden kötelet csavarja "S" alakra, és helyezze az előkészített tepsire.
h) Szórjuk meg gyöngycukorral a csavarokat (ha szükséges).
i) 10-12 percig sütjük, vagy amíg a szélei enyhén aranybarnák nem lesznek.
j) Tálalás előtt hagyja teljesen kihűlni a csavarokat.

23.Dán Dandies (Danske Smakager)

ÖSSZETEVŐK:

- ½ csésze vaj
- ½ csésze rövidítés
- ¾ csésze cukor
- ½ teáskanál Só
- ½ teáskanál vanília
- ½ teáskanál citrom kivonat
- 3 keményre főtt tojás, szitálva
- 2 csésze szitált liszt
- Kukoricaszirup
- Darált dió

UTASÍTÁS:

a) A vajat, a cukrot és a vajat habosra keverjük.
b) Adjunk hozzá sót, vaníliát, citromkivonatot és szitált kemény tojásokat. Jól összekeverni.
c) Hozzákeverjük az átszitált lisztet, és jól összekeverjük.
d) Kézzel kis golyókat formázunk a tésztából, és sütőpapíros tepsire tesszük.
e) Hüvelykujjával vagy egy kanál hátával készítsen bemélyedést minden süti közepén.
f) Töltsük meg minden mélyedést egy kis kukoricasziruppal, és szórjunk a tetejére apróra vágott diót.
g) Előmelegített sütőben süssük a süti receptje szerint, vagy amíg a széle aranybarna nem lesz.
h) Hagyja néhány percig hűlni a sütiket a sütőlapon, mielőtt rácsra helyezi őket, hogy teljesen kihűljenek.

24.Svéd húsgombóc előételek

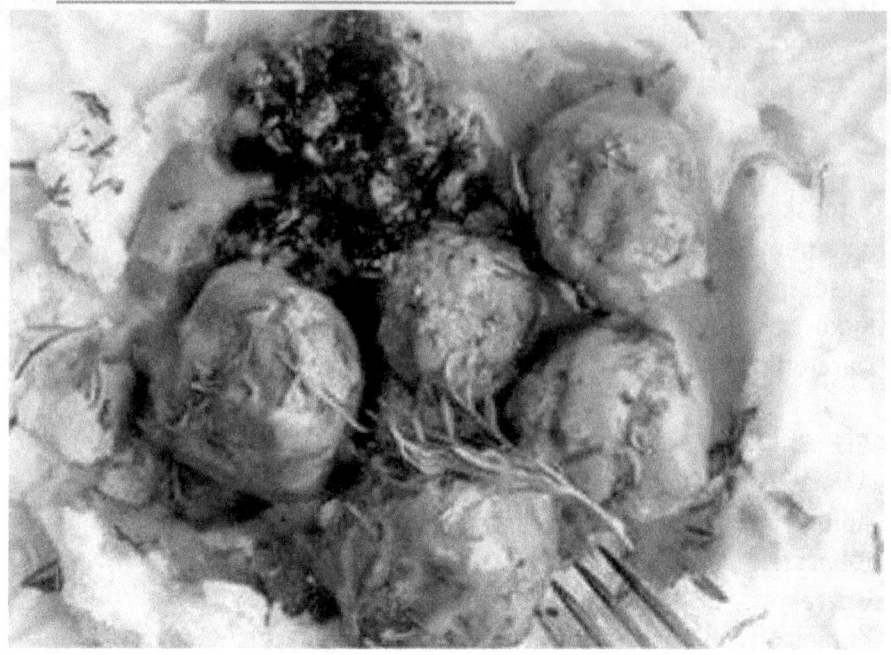

ÖSSZETEVŐK:
- 2 evőkanál étolaj
- 1 kiló   Darált marhahús
- 1 tojás
- 1 csésze puha zsemlemorzsa
- 1 teáskanál barna cukor
- ½ teáskanál Só
- ¼ teáskanál bors
- ¼ teáskanál gyömbér
- ¼ teáskanál Darált szegfűszeg
- ¼ teáskanál szerecsendió
- ¼ teáskanál fahéj
- ⅔ csésze tej
- 1 csésze tejföl
- ½ teáskanál Só

UTASÍTÁS:
a) Serpenyőben felhevítjük az étolajat. Keverje össze az összes többi hozzávalót, kivéve a tejfölt és a ½ tk. só.
b) Előétel méretű húsgombócokat formázunk (kb. 1" átmérőjű). Sütőolajon minden oldalát teljesen megpirítjuk.
c) Kivesszük a tepsiből, papírtörlőn leszűrjük. Öntse le a felesleges zsírt, és kissé hűtse le a serpenyőt. Adjunk hozzá kis mennyiségű tejfölt a barnulás felveréséhez, és keverjük össze. Ezután adjuk hozzá a maradék tejfölt és ½ tk. sót, kevergetve turmixoljuk.

25.Norvég cukrozott dió

ÖSSZETEVŐK:

- 1 tojásfehérje
- 1½ teáskanál Víz
- 3 csésze sózott vegyes dió
- 1 csésze cukor ½ teáskanál fahéjjal keverve

UTASÍTÁS:

a) Egy tálban keverjük össze a tojásfehérjét és a vizet, enyhén verjük fel. Hozzáadjuk a diót, és jól bevonjuk.
b) Az összekevert cukor-fahéj keveréket a bevont diófélékhez keverjük.
c) A diós keveréket egy zselés tekercs tepsire, JÓL KÍZSÍTOTT barna papírra helyezzük egy rétegben.
d) 350 Fahrenheit fokra előmelegített sütőben 25-30 percig sütjük, sütés közben egyszer-kétszer megkeverve.
e) Ha kihűlt, vedd le a papírról. Élvezze a norvég cukrozott diót!

26. Dán csigák

ÖSSZETEVŐK:

- ½ tétel dán tészta
- ½ vajat ragasztani
- ½ csésze világos barna cukor
- ¾ csésze apróra vágott pekándió vagy dió
- Fahéj
- Tojás mosás
- Víz jegesedés

UTASÍTÁS:

a) A tésztát 12 x 20 hüvelykes téglalappá nyújtjuk.
b) Kenjük meg puha vajjal, szórjuk meg barna cukorral, pekándióval és fahéjjal.
c) A 20 hüvelykes oldaláról feltekerjük, és 12 darabra vágjuk.
d) A darabokat vágott oldalukkal felfelé papír muffinsütőkkel bélelt muffinformákba helyezzük.
e) Proof 50% és tojásmosás.
f) 375 fokon kb 25 percig sütjük.
g) Kihűtjük és meglocsoljuk vízzel.

27.Norvég mandulaszeletek

ÖSSZETEVŐK:
BÁZIS:
- 1¾ csésze Univerzális liszt
- ¾ csésze cukor
- 1 teáskanál Sütőpor
- ½ csésze burgonyapüré
- ½ teáskanál fahéj
- ½ teáskanál Só
- ¾ csésze margarin vagy vaj, lágyítva
- ½ teáskanál kardamom
- 1 tojás

TÖLTŐ:
- 1¼ csésze porcukor
- ½ csésze víz
- 1 tubus (7 oz) mandula paszta

UTASÍTÁS:
a) Melegítse fel a sütőt 375 Fahrenheit-fokra.
b) Enyhén kanál lisztet egy mérőpohárba; szintet kiegyenlíteni. Egy nagy tálban keverjük össze a lisztet és a többi alapanyagot; addig turmixoljuk, amíg morzsa nem keletkezik.
c) Nyomjuk a keverék felét egy ki nem zsírozott 13x9 hüvelykes serpenyőbe. A maradék keveréket a feltéthez tartalékoljuk.
d) Egy nagy tálban keverje össze a töltelék összes összetevőjét, és jól keverje össze.
e) Az alapra kenjük a tölteléket és a töltelékre szórjuk a tartalék keveréket.
f) Süssük 375 fokon 25-30 percig, vagy amíg világos aranybarna nem lesz.
g) Teljesen lehűtjük és szeletekre vágjuk.
h) Élvezze a finom norvég mandulaszeleteket!

28. Norvég csirkehúsgombóc

ÖSSZETEVŐK:
- 1 kiló   Darált csirke
- 4½ teáskanál kukoricakeményítő; megosztott
- 1 nagy tojás
- 2¼ csésze csirkehúsleves; megosztott
- ¼ teáskanál Só
- ½ teáskanál Frissen reszelt citromhéj
- 2 evőkanál Apróra vágott friss kapor; megosztott
- 4 uncia   Gjetost sajt; 1/4 hüvelykes kockákra vágjuk
- 4 csésze forró főtt tojásos tészta

UTASÍTÁS:
a) Beat tojást; adjunk hozzá kevés ¼ csésze húslevest és 1¼ teáskanál kukoricakeményítőt. Simára keverjük. Adjunk hozzá citromhéjat és 1 evőkanál friss kaprot. Adjunk hozzá darált csirkét ehhez a keverékhez.

b) Forraljon fel két csésze húslevest egy 10 vagy 12 hüvelykes serpenyőben.

c) Finoman csepegtessen egy evőkanál csirkemeveréket a forrásban lévő húslevesbe.

d) A szósz elkészítése: Keverjen el a maradék 1 evőkanál kukoricakeményítőt 2 evőkanál hideg vízben. Forró levesbe keverjük, és néhány percig főzzük, amíg kissé besűrűsödik. Hozzáadjuk a kockára vágott sajtot, és folyamatosan keverjük, amíg a sajt megolvad.

e) Amíg a csirke sül, elkészítjük a tésztát, és melegen tartjuk.

f) Visszatesszük a csirkegolyókat a szószba.

29.Norvég húsgombóc szőlőzselében

ÖSSZETEVŐK:

- 1 csésze zsemlemorzsa; puha
- 1 csésze tej
- 2 kiló Darált marhahús
- ¾ font Darált sertéshús; sovány
- ½ csésze hagyma; finomra vágott
- 2 tojás; megverték
- 2 teáskanál Só
- 1 teáskanál bors
- ½ teáskanál szerecsendió
- ½ teáskanál szegfűbors
- ½ teáskanál kardamom
- ¼ teáskanál gyömbér
- 2 evőkanál szalonnacsepegés; vagy salátaolajat
- 8 uncia Szőlőzselé

UTASÍTÁS:

a) Áztassuk a zsemlemorzsát tejbe egy órára. Keverje össze a darált marhahúst, a sertéshúst és a hagymát. Hozzáadjuk a tojást, tejet, zsemlemorzsa keveréket. Adjunk hozzá sót, borsot és fűszereket.

b) Jól összekeverjük és villával felverjük. Hűtsük le egy-két órát. Kis golyókat formázunk, lisztben megforgatjuk, és szalonnacsepegésben vagy olajon megpirítjuk. Rázza fel a serpenyőt vagy egy nehéz serpenyőt, hogy forró zsírban forgassa a húsgombócokat.

c) Tedd egy edénybe 1 nagy üveg szőlőzselével, és főzd SLOW-on egy órán keresztül.

SÜTIK

30.Napóleon kalap süti mix

ÖSSZETEVŐK:

- 2 csésze univerzális liszt
- ¼ teáskanál Só
- ¾ csésze vaj vagy margarin
- ½ csésze cukor
- 2 tojássárgája
- 1 teáskanál vanília
- 2 tojásfehérje
- ¼ teáskanál fogkő krém
- ⅓ csésze porcukor, szitálva
- 1 csésze mandula, őrölt

UTASÍTÁS:

a) Keverje össze a lisztet és a sót; félretesz, mellőz. Egy nagy keverőtálban elektromos keverővel verje közepes sebességgel a vajat vagy a margarint 30 másodpercig. Adjunk hozzá cukrot és verjük habosra. Hozzákeverjük a tojássárgáját és a vaníliát, jól felverjük.
b) Adjuk hozzá a száraz hozzávalókat a felvert masszához, és folytassuk a verést, amíg jól össze nem áll.
c) A tésztát letakarjuk és 1 órára hűtőbe tesszük. A mandulás töltelékhez: Egy kis keverőtálban verjük fel a tojásfehérjét és a tartárkrémet, amíg lágy csúcsok nem lesznek (a hegyek felkunkorodnak). Fokozatosan adjuk hozzá az átszitált porcukrot, és addig verjük, amíg kemény csúcsok képződnek (a hegyek egyenesen állnak). Óvatosan beleforgatjuk az őrölt mandulát, és félretesszük.
d) Enyhén lisztezett felületen nyújtsa ki a tésztát ⅛" vastagságúra. Vágja 3"-os körökre. Helyezzen körülbelül 1 teáskanál mandulatöltéket minden kör közepére. Hajtsa fel és csípje össze három oldalát, hogy három sarkú kalapot hozzon létre, így a töltelék teteje szabadon marad.
e) A megformázott sütiket 2 hüvelyk távolságra helyezze el egymástól egy kiolajozott sütilapon.
f) 375 fokos sütőben 10-12 percig sütjük. Kivesszük és rácson hűtjük.

31. Fattigmann (norvég karácsonyi sütemény)

ÖSSZETEVŐK:

- 10 tojássárgája
- 2 tojásfehérje
- ¾ csésze cukor
- ¼ csésze pálinka
- 1 csésze kemény tejszín
- 5 csésze szitált univerzális liszt
- 2 teáskanál őrölt kardamom
- Zsír sütéshez

UTASÍTÁS:

a) A tojássárgáját, a fehérjét, a cukrot és a pálinkát kemény habbá verjük. Lassan adjuk hozzá a tejszínt, jól keverjük össze.

b) Szitáljuk össze a lisztet és a kardamomot; Egyszerre körülbelül ½ csészével adjunk hozzá a tojásos keverékhez, minden hozzáadás után alaposan keverjük össze. Tekerjük be a tésztát és hűtsük le egy éjszakán át.

c) Melegítsük fel a disznózsírt 365-370 fokra egy mély serpenyőben.

d) A tésztát kis adagokban, 1/16 hüvelyk vastagságban nyújtsa ki lisztezett felületen.

e) Lisztezett kés vagy cukrászkorong segítségével vágja a tésztát gyémánt alakúra, 5" x 2"; minden gyémánt közepén készítsen egy hosszirányú hasítást. Húzza át az egyik végét minden résen, és húzza vissza maga alá.

f) 1-2 percig, vagy aranybarnára sütjük, egyszer megfordítva.

g) Lecsepegtetjük és lehűtjük.

h) Megszórjuk a sütiket cukrászcukorral. Tárolja szorosan lefedett tartályokban. Élvezze Fattigmann-ét, egy elragadó hagyományos norvég karácsonyi csemegét!

32.Svéd karácsonyi félhold

ÖSSZETEVŐK:

- 1 csésze vaj
- 2 evőkanál őrölt mandula
- 1 csésze porcukor
- 2 csésze Liszt
- 1 teáskanál vanília
- ¼ csésze porcukor (a porozáshoz)
- ½ teáskanál Só
- 2 teáskanál fahéj

UTASÍTÁS:

a) A vajat és a cukrot habosra keverjük.
b) Belekeverjük a vaníliát, a sót és az őrölt mandulát.
c) Fokozatosan elkeverjük a lisztben.
d) Formázz a tésztából félholdakat, mindegyikhez egy teáskanálnyit használva.
e) A félholdakat megszórjuk porcukor és fahéj keverékével.
f) Süssük kiolajozott tepsiben 165 °C-ra előmelegített sütőben 15-18 percig, vagy amíg a szélei enyhén aranybarnák nem lesznek.

33.Pepparkakor (svéd gyömbéres keksz)

ÖSSZETEVŐK:

- ½ csésze melasz
- ½ csésze cukor
- ½ csésze vaj
- 1 tojás, jól felverve
- 2½ csésze szitált univerzális liszt
- ¼ teáskanál Só
- ¼ teáskanál szódabikarbóna
- ½ teáskanál gyömbér
- ½ teáskanál fahéj

UTASÍTÁS:

a) Melegítsük fel a melaszt egy kis serpenyőben forráspontig, majd forraljuk 1 percig.
b) Adjuk hozzá a cukrot és a vajat, keverjük addig, amíg a vaj elolvad. Hagyja lehűlni a keveréket.
c) Belekeverjük a jól felvert tojást.
d) Szitáljuk össze a lisztet, a sót, a szódabikarbónát és a fűszereket. Adja hozzá ezt a keveréket az első keverékhez, és alaposan keverje össze.
e) Fedjük le szorosan a tálat, és hűtsük le a tésztát egy éjszakán át.
f) Enyhén lisztezett tésztaruhán egyenként nyújtsuk ki a tésztát. Vékonyra nyújtjuk.
g) Vágja a tésztát kívánt formákra.
h) Közepes hőmérsékletű sütőben (350°F) 6-8 percig sütjük.

34.Svéd hüvelykujj sütik

ÖSSZETEVŐK:

- ½ csésze vaj
- 1 csésze cukor
- 2 teáskanál barna cukor
- 1 tojássárgája, veretlen
- 1½ kocka (Megjegyzés: Lehet, hogy ez hiányzik. Kérjük, ellenőrizze.)
- 1⅓ csésze univerzális liszt, szitált
- Ammónia-karbonát (mennyiség nincs megadva)

UTASÍTÁS:

a) A vajat habosra keverjük, fokozatosan hozzáadjuk a cukrot, és habosra keverjük.
b) Hozzáadjuk a tojássárgáját és jól összedolgozzuk.
c) Törjük össze az ammóniakockákat és szitáljuk a liszttel.
d) Adjunk hozzá annyi lisztet, hogy kemény tésztát kapjunk. A hüvelykujj benyomásakor a tésztának meg kell repednie.
e) Golyókká formázzuk, és hüvelykujjával nyomjuk be a közepébe.
f) Lassú sütőben (250 fokon) 30 percig sütjük.

35.Svéd zabpehely süti

ÖSSZETEVŐK:

Süteménytészta:
- ¾ csésze Univerzális liszt
- ½ teáskanál szóda
- ½ teáskanál gyémántkristály só
- ½ csésze cukor
- ⅓ csésze cukor
- ¼ csésze Land O'Lake vaj (vagy margarin)
- ½ csésze barna cukor
- ½ csésze rövidítés
- 1 nagy felveretlen tojás
- ½ teáskanál vanília
- 1½ csésze hengerelt zab
- 1 evőkanál világos kukoricaszirup
- ¼ csésze blansírozott mandula, apróra vágva
- ¼ teáskanál mandula kivonat

MANDULA FELTÉTEL:
- ¼ csésze cukor
- 1 evőkanál vaj
- 1 evőkanál világos kukoricaszirup
- ¼ csésze blansírozott mandula, apróra vágva
- ¼ teáskanál mandula kivonat

UTASÍTÁS:
a) Szitáljuk össze a lisztet, a szódát és a sót. Félretesz, mellőz.
b) Fokozatosan adjuk hozzá a cukrot és a barna cukrot a lerövidítéshez, jól krémesítjük.
c) Hozzákeverjük a tojást és a vaníliát, jól felverjük.
d) Adjuk hozzá a száraz hozzávalókat, majd a hengerelt zabot, és jól keverjük össze.
e) Dobj teáskanálnyi adagot zsírtalan sütilapokra.
f) 350 fokon 8 percig sütjük.
g) Vegye ki a sütőből, és helyezzen egy kevés ½ teáskanál mandula öntetet a közepére, és enyhén nyomja be.
h) Süssük további 6-8 percig, amíg a sütik aranybarnák nem lesznek.
i) Hűtsük le 1 percig, mielőtt kivesszük a tepsiből.

MANDULA FELTÉTEL:
j) Keverje össze a cukrot, a vajat és a világos kukoricaszirupot egy serpenyőben; felforral.
k) Vegyük le a tűzről.
l) Keverje hozzá a mandulát és a mandula kivonatot.

36.Svéd vajas sütik

ÖSSZETEVŐK:

- ½ csésze vaj
- ¼ csésze cukor
- 1½ teáskanál finomra reszelt citromhéj
- ¼ teáskanál vanília
- 1 csésze univerzális liszt
- 4 uncia félédes csokoládé (4 négyzet)
- 2 evőkanál Rövidítés

UTASÍTÁS:

a) A vajat elektromos keverővel 30 másodpercig verjük.
b) Adjuk hozzá a cukrot, a citromhéjat és a vaníliát; addig verjük, amíg össze nem állunk.
c) A lisztből annyit keverjünk el, amennyit csak tudunk a mixerrel, időnként kaparjuk le a tál oldalát.
d) Belekeverjük a maradék lisztet. Fedjük le és hűtsük 1 órán át, vagy amíg a tészta könnyen kezelhetővé válik.
e) Enyhén lisztezett felületen nyújtsuk ki a tésztát ⅛-¼ hüvelyk vastagságúra.
f) 2 hüvelykes pogácsaszaggatóval kiszaggassa a tésztát. Helyezze a kivágásokat egymástól 1 hüvelyk távolságra egy kiolajozott sütilapra.
g) 375°F-os sütőben 5-7 percig sütjük, amíg a szélei barnulni nem kezdenek.
h) Hűtsük 1 percig a sütilapon, majd távolítsuk el a sütiket egy rácsra hűlni.
i) A csokoládét és a csokoládét egy serpenyőben alacsony lángon, időnként megkeverve felforrósítjuk.
j) Minden süti egy részét mártsuk a csokis keverékbe.
k) Hűtsük viaszpapíron 30 percig, vagy amíg a csokoládé megdermed. Ha szükséges, hűtsük le a sütiket, amíg a csokoládé megdermed.

37.Svéd fröccs sütik

ÖSSZETEVŐK:
- 2 csésze vaj
- 1½ csésze cukor
- 1 tojás
- 1 teáskanál vanília
- 4½ csésze liszt

UTASÍTÁS:
a) A vajat és a cukrot alaposan habosra keverjük.
b) Adjuk hozzá a tojást és a vaníliát (vagy más ízesítőket).
c) Fokozatosan adjuk hozzá a lisztet és jól keverjük össze.
d) Csillagkoronggal sütinyomóval kis koszorúkat formázunk a tésztából.
e) 400°F-on sütjük 7-10 percig. A sütiket meg kell állítani, de nem barnára.
f) Élvezze a svéd spritz sütiket!

38.Svéd gyömbéres sütik

ÖSSZETEVŐK:
- 1 csésze vaj
- 1½ csésze cukor
- 1 nagy tojás
- 1½ evőkanál reszelt narancshéj
- 2 evőkanál sötét kukorica szirup
- 1 evőkanál Víz
- 3¼ csésze fehérítetlen univerzális liszt
- 2 teáskanál szódabikarbóna
- 2 teáskanál fahéj
- 1 teáskanál őrölt gyömbér (vagy több ízlés szerint)
- ½ teáskanál őrölt szegfűszeg

UTASÍTÁS:
a) A vajat és a cukrot habosra keverjük.
b) Adjuk hozzá a tojást, a narancshéjat, a kukoricaszirupot és a vizet, jól keverjük össze.
c) A száraz hozzávalókat összekeverjük és a vajas keverékhez adjuk.
d) A tésztát alaposan lehűtjük.
e) Nagyon vékonyra kinyújtjuk, kb.
f) Süssük ki nem zsírozott tepsiben 175 °C-ra előmelegített sütőben 8-10 percig. Ne süssük túl, különben a keksz megég.

39.Svéd narancsos gyömbéres

ÖSSZETEVŐK:
- 1½ rúd sótlan vaj
- 1 csésze barna cukor
- 1 nagy tojás
- 2 evőkanál plusz 1 teáskanál melasz
- 1 evőkanál narancslé
- 1 evőkanál finomra reszelt narancshéj
- 2¾-3 csésze liszt
- 1 teáskanál szódabikarbóna
- ½ teáskanál őrölt szegfűszeg
- 2 teáskanál őrölt fahéj
- 2 teáskanál őrölt gyömbér

UTASÍTÁS:
a) A vajat és a cukrot habosra keverjük.
b) Üss hozzá 1 tojást, és keverd hozzá a melaszt, a narancslevet és a héját.
c) Szitáljuk össze a száraz hozzávalókat, és keverjük a nedves hozzávalókhoz, hogy lágy, sima tésztát kapjunk, ha a tészta túl ragacsos, adjunk hozzá még lisztet.
d) A tésztát enyhén lisztezett deszkán háromszor átgyúrjuk.
e) Melegítsük elő a sütőt 350 F fokra.
f) Formázz a tésztából 3 kb 8 hüvelyk hosszú rönköt. Csomagold be műanyag fóliába, és tedd hűtőbe legalább 1 órára vagy egy éjszakára.
g) Szeletelje fel a rönköket vékony, ½ hüvelyknél vastagabb körökre.
h) Enyhén kikent tepsire tesszük.
i) Süssük a sütiket körülbelül 8-10 percig.
j) Vegyük ki a sütőből és tegyük át a sütiket egy rácsra hűlni.

40. Norvég melasz sütik

ÖSSZETEVŐK:
SÜTIK:
- 2½ csésze Univerzális liszt
- 2 teáskanál szódabikarbóna
- 1 csésze szilárdan csomagolt világosbarna cukor
- ¾ csésze FLEISCHMANN'S Margarin, lágyított
- ¼ csésze TOJÁSVERŐK 99% valódi tojás
- 1 csésze cukrászcukor
- ¼ csésze GRER RABBIT világos vagy sötét melasz
- ¼ csésze granulált cukor
- Víz
- Színes permetek (opcionális)

CUKRÁSZI CUKORMÁZ:
- 6 teáskanál sovány tej
- Cukrászcukor (a kívánt állagig)

UTASÍTÁS:
SÜTIK:
a) Egy kis tálban keverje össze a lisztet és a szódabikarbónát; félretesz, mellőz.
b) Egy közepes tálba elektromos mixerrel közepes sebességen, tejszínes barna cukrot és margarint. Adjunk hozzá tojásterméket és melaszt; simára verjük.
c) Belekeverjük a lisztes keveréket. Fedjük le és hűtsük le a tésztát 1 órán át.
d) Formázz a tésztából 48 (1¼") golyót; forgasd meg kristálycukorban.
e) Kikent és lisztezett tepsire tesszük, egymástól kb. 2 cm-re. A tésztát enyhén meglocsoljuk vízzel.
f) Süssük 350 °F-on 18-20 percig, vagy amíg el nem laposodik.
g) Kivesszük a lapokból és rácsokon hűtjük.
h) Díszítsd cukrászati cukormázzal és színes szórással, ha szükséges.

CUKRÁSZI CUKORMÁZ:
i) Egy tálban keverjük össze a sovány tejet a cukrászati cukorral, hogy elérjük a kívánt mázkonzisztenciát.

41.Svéd mandula félhold

ÖSSZETEVŐK:

- ½ csésze (1 rúd) margarin
- ⅓ csésze cukor
- ½ teáskanál mandula kivonat
- 1⅔ csésze univerzális liszt
- ⅔ csésze őrölt vagy nagyon apróra vágott mandula
- ¼ csésze víz
- ⅓ csésze porcukor vagy cukrászda

UTASÍTÁS:

a) Melegítse elő a sütőt 375 °F-ra. A sütilapokat permetezze be főzőpermettel, vagy bélelje ki alufóliával. Félretesz, mellőz.
b) Elektromos mixerrel közepes sebességen habosra keverjük a margarint, a cukrot és a mandulakivonatot.
c) Adjunk hozzá lisztet, diót és vizet a tejszínes keverékhez, és közepes sebességgel keverjük össze.
d) A tésztát enyhén lisztezett deszkára borítjuk, enyhén átgyúrjuk, és 24 1 evőkanálnyi részre osztjuk.
e) Formázz minden részt egy körülbelül 4 hüvelyk hosszú, kúpos végű tekercsbe. A tekercsekből félholdokat formázunk, és az előkészített tepsire helyezzük.
f) Süssük 8-10 percig, vagy amíg az alja enyhén megpirul.
g) A meleg félholdokat porcukorral meghintjük, és rácsokra tesszük szobahőmérsékletűre hűlni.
h) Tárolja légmentesen záródó edényben vagy fagyassza le, amíg szükséges.

KOLBÁSZOK

42. Dán Liverwurst

ÖSSZETEVŐK:

- 4 font finomra őrölt főtt sertésmáj (főtt)
- 1 font finomra őrölt szalonna
- 2 csésze darált hagyma
- 1 ½ csésze tej
- 1½ csésze párolt tej
- ½ csésze burgonyaliszt
- 6 felvert tojás
- 3 teáskanál fekete bors
- 2 evőkanál só
- 1 teáskanál őrölt szegfűszeg
- 1 teáskanál szegfűbors

UTASÍTÁS:

a) A tejből és a burgonyalisztből szószt készítünk, és sűrűre főzzük.
b) Keverje össze az összes összetevőt.
c) Pároljuk sós vízben körülbelül 20 percig.
d) Használat előtt 24 órára hűtőbe tesszük.
e) A kolbászt kettévágjuk, és kenhető formában használjuk.

43.Dán sertéskolbász

ÖSSZETEVŐK:

- 5 kiló finomra őrölt sertés csikk
- 5 teáskanál só
- ¼ teáskanál szegfűbors
- 2 teáskanál fehér bors
- ¼ teáskanál szegfűszeg
- 1 teáskanál kardamom
- 1 nagy apróra vágott hagyma
- 1 csésze hideg marhahúsleves

UTASÍTÁS:

a) Az összes hozzávalót összedolgozzuk, jól összekeverjük, és a sertésbélbe töltjük.

44.Svéd burgonya kolbász

ÖSSZETEVŐK:

- 1 kis hagyma, apróra vágva
- 1 evőkanál Só
- 1½ teáskanál fekete bors
- 1 teáskanál szegfűbors
- 1 csésze zsírmentes száraz tej
- 1 csésze Víz
- 6 csésze burgonya, feldarabolva, feldarabolva
- 1½ kiló sovány marhahús
- 1 kiló sovány sertéshús
- 1 kolbászbél

UTASÍTÁS:

a) Darálja meg a húst, a burgonyát és a hagymát egy ⅜"-es darálólapon, és helyezze egy keverőbe.
b) Adjuk hozzá az összes többi hozzávalót vízzel és jól keverjük össze.
c) Ezen eljárás után ismét köszörülje át a ⅜"-os lemezt.
d) Töltsük egy 35-38 mm-es disznóhüvelybe.

45.dán Oxford Horns

ÖSSZETEVŐK:

- 5 kiló durvára őrölt sertés csikk
- 1½ evőkanál zsálya
- 1½ teáskanál kakukkfű
- 1½ teáskanál majoránna
- egész reszelt citromhéj
- 1½ teáskanál szerecsendió
- 4 teáskanál só
- 2 teáskanál fekete bors
- 3 tojás
- 1 csésze víz

UTASÍTÁS:

a) Az összes hozzávalót összedolgozzuk, jól összekeverjük, és a sertésbélbe töltjük.

b) Főzni, serpenyőzni vagy roston sütni.

46.Norvég kolbász

ÖSSZETEVŐK:
- 3 kiló durva darált marhahústokmány
- 2 kiló durvára őrölt sertés csikk
- 1½ evőkanál só
- 4 közepes hagyma, lereszelve
- 1 evőkanál fekete bors
- 2½ teáskanál szerecsendió
- 1 csésze hideg víz

UTASÍTÁS:
a) Az összes hozzávalót összedolgozzuk, jól összekeverjük, és a sertésbélbe töltjük.
b) Főzni, sütni vagy sütni.

FŐÉTEL

47. Svéd Janssons Frestelse Lasagna

ÖSSZETEVŐK:

- 9 lasagne tészta
- 4 közepes méretű burgonya meghámozva és vékonyra szeletelve
- 2 vöröshagyma, vékonyra szeletelve
- 8 uncia szardellafilé, lecsepegtetve és apróra vágva
- 1 csésze nehéz tejszín
- ½ csésze zsemlemorzsa
- 2 evőkanál vaj
- Só és bors ízlés szerint
- Díszítésnek apróra vágott friss petrezselymet

UTASÍTÁS:

a) Melegítsd elő a sütőt 190°C-ra, és enyhén kenj ki egy 9x13 hüvelykes tepsit.
b) A lasagne tésztát a csomagoláson található utasítások szerint főzzük meg. Lecsepegtetjük és félretesszük.
c) Egy nagy serpenyőben közepes lángon olvasszuk fel a vajat. Hozzáadjuk a felszeletelt hagymát, és áttetszővé pároljuk.
d) A felszeletelt burgonya felét a kivajazott tepsibe rétegezzük, majd a megdinsztelt hagyma felét és az apróra vágott szardellafilé felét.
e) Ismételje meg a rétegeket a maradék burgonyával, hagymával és szardellaval.
f) Öntsük a tejszínt a rétegekre, ügyelve arra, hogy egyenletesen eloszlassa.
g) Ízlés szerint sózzuk, borsozzuk.
h) Fedjük le a tepsit alufóliával és süssük 45 percig.
i) Levesszük a fóliát, és egyenletesen szórjuk a tetejére a zsemlemorzsát.
j) Süssük további 10-15 percig, vagy amíg a zsemlemorzsa aranybarna és ropogós nem lesz.
k) Tálalás előtt hagyjuk néhány percig hűlni.
l) Tálalás előtt aprított friss petrezselyemmel díszítjük.

48.Kapros svéd borjúsült

ÖSSZETEVŐK:
- 1 evőkanál vaj vagy margarin
- 1 kicsontozott, hengerelt, megkötött borjú lapocka vagy lábszársült (3 font)
- 8 uncia gomba; negyedelve
- 24-36 nagyon kicsi sárgarépa vagy 6-8 med. sárgarépa
- 2 evőkanál apróra vágott friss kapor vagy 2 tk. száraz kapor gyom
- ⅛ teáskanál Őrölt fehér bors
- ¼ csésze citromlé
- ½ csésze száraz fehérbor
- 3 evőkanál kukoricakeményítő
- ⅓ csésze tejszínhab
- Só ízlés szerint
- Csavar citromhéj
- Kapros gallyak

UTASÍTÁS:
a) Olvasszuk fel a vajat egy széles, tapadásmentes serpenyőben, közepesen magas lángon.
b) Adjunk hozzá borjúhúst és barnítsuk meg minden oldalukat, majd tegyük egy 4 literes vagy nagyobb elektromos lassú tűzhelybe.
c) Vegyük körbe a borjúhúst gombával és sárgarépával (ha közepes méretű sárgarépát használunk, először keresztben félbevágjuk, majd hosszában negyedekre vágjuk).
d) Megszórjuk apróra vágott kaporral és fehérborssal. Felöntjük a citromlével és a borral.
e) Fedjük le, és alacsony fokozaton főzzük, amíg a borjú nagyon puha lesz, amikor átszúrjuk (7½-9 óra).
f) Óvatosan emelje fel a borjúhúst egy meleg, mély tálra.
g) Egy lyukas kanál segítségével emelje ki a sárgarépát és a gombát a tűzhelyről, és rendezze el a borjúhús köré; tartsd melegen.
h) Egy kis tálban keverjük össze a kukoricakeményítőt és a tejszínt; turmixoljuk folyadékba a tűzhelyben.
i) Növelje a tűzhely hőfokát magasra; lefedve főzzük 2-3-szor keverve, amíg a szósz besűrűsödik (még 15-20 perc).
j) Ízesítsük sóval.
k) Tálaláskor távolítsa el és dobja ki a borjúhúsból a szálakat. Szeleteljük a gabonát.
l) A szósz egy részét a borjúhúsra és a zöldségekre kanalazzuk; kívánság szerint citromhéjjal és kaporgal díszítjük. A maradék szószt tálban vagy kancsóban tálaljuk, hogy ízt adjunk.

49.Hagymás hamburger, svéd módra

ÖSSZETEVŐK:

- 1½ kiló Darált marhahús
- 3 evőkanál vaj
- 3 sárga hagyma; szeletelt
- 1 zöldpaprika; gyűrűkben
- Só, bors
- Petrezselymes burgonya; ecetes uborka (elhagyható)

UTASÍTÁS:

a) A darált marhahúsból 4 vagy 5 pogácsát formázzunk úgy, hogy a lehető legkevesebbet bánjunk vele.
b) Egy serpenyőben olvasszuk fel a vaj felét.
c) Adjuk hozzá a felszeletelt hagymát, és lassú tűzön pirítsuk aranybarnára.
d) Adjuk hozzá a paprikakarikákat és ½ csésze forrásban lévő vizet.
e) Ízlés szerint sózzuk, borsozzuk, levesszük a tűzről és melegen tartjuk.
f) A marhahúspogácsákat mindkét oldalon fűszerezzük.
g) Ugyanebben a serpenyőben a maradék vajban megpirítjuk a pogácsákat, amíg el nem érik a kívánt készet.
h) Minden pogácsát megkenünk a hagymás keverékkel.
i) Ízlés szerint petrezselymes burgonyával és ecetes uborkával tálaljuk.

50.Norvég buggyantott lazac szardellavajjal

ÖSSZETEVŐK:

- 1½ evőkanál sótlan vaj, lágyítva
- 1½ evőkanál darált friss petrezselyemlevél
- ¾ teáskanál szardellapaszta vagy pépesített szardellafilé
- 1 hagyma, szeletelve
- ⅓ csésze desztillált fehér ecet
- ¼ csésze cukor
- ½ teáskanál fekete bors
- 1 teáskanál koriandermag
- ½ teáskanál mustármag
- 1 teáskanál Só
- Két 1 hüvelyk vastag lazac steak (mindegyik körülbelül 1/2 font)

UTASÍTÁS:

a) Egy kis tálban jól keverjük össze a vajat, a darált petrezselymet, a szardellapasztát és a frissen őrölt fekete borsot ízlés szerint. A szardellavajat lefedve tegyük félre.

b) Egy serpenyőben keverje össze a felszeletelt hagymát, ecetet, cukrot, borsot, koriandermagot, mustármagot, sót és 4 csésze vizet. Forraljuk fel a keveréket, és forraljuk 15 percig.

c) Szűrjük át a keveréket egy finom szitán egy mély, nehéz serpenyőbe, amely éppen akkora, hogy a lazacot egy rétegben tartsa.

d) Adja hozzá a lazacot az orvvadászathoz, forralja fel lassú tűzön, és a lazacot lefedve pirítsa 8-10 percig, vagy amíg csak pelyhesedik.

e) Egy hasított spatulával tegyük át a lazac steakeket a tányérokra, hagyjuk, hogy az orvvadászatból származó folyadék lefolyjon.

f) Osszuk el a fenntartott szardellavajat a lazacsteakek között.

51.Svéd húscipő

ÖSSZETEVŐK:

- 1 csésze gombaleves
- 1½ kiló Darált marhahús
- 1 tojás; kissé megverve
- ½ csésze zsemlemorzsa, finom száraz
- ¼ teáskanál Szerecsendió, őrölt
- ½ csésze tejföl

UTASÍTÁS:

a) Egy keverőtálban alaposan keverje össze a darált marhahúst, a tojást, a zsemlemorzsát, a szerecsendiót és a ⅓ csésze gombalevest.
b) A keveréket szilárdan formázzuk cipó alakúra, és tegyük egy sekély tepsibe.
c) 350 fokon 1 órán át sütjük.
d) Amíg a fasírt sül, egy serpenyőben turmixoljuk össze a maradék krémes gombalevest tejföllel.
e) A szószt felforrósítjuk, időnként megkeverve.
f) A mártást a sült húsos cipóra tálaljuk.
g) Megszórjuk további szerecsendióval az ízért.
h) Ízlés szerint uborkaszeletekkel díszítjük.

52.Svéd kapros marhasült

ÖSSZETEVŐK:

- ¾ csésze vörös káposzta, papírvékonyra szeletelve
- 1 teáskanál málna- vagy vörösborecet
- Növényi olaj
- Só és frissen őrölt bors
- 1 evőkanál Elkészített torma krém
- 2 leveles vagy lisztes tortilla
- 1 evőkanál darált friss kapor
- 2 nagy bostoni salátalevél
- 3-4 uncia vékonyra szeletelt marhasült

UTASÍTÁS:

a) Dobd fel a káposztát ecettel, növényi olajjal, sóval és borssal ízlés szerint.
b) Kenje meg torma krémmel a leveles vagy lisztes tortillákat; megszórjuk kevés kaporral.
c) A tetejére a salátát, a marhasültet, a káposztát és a maradék kaporral tesszük.
d) Tekerjük fel, mint egy burritót.

53. Gravlax (svéd cukorral és sóval pácolt lazac)

ÖSSZETEVŐK:
- 2 középre vágott lazacfilé; egyenként körülbelül 1 font, bőrön hagyva
- ⅔ csésze cukor
- ⅓ csésze durva só
- 15 durvára tört fehér bors
- 1 nagy csokor kapor
- 3 evőkanál dijoni mustár
- 1 evőkanál cukor
- 1 evőkanál ecet
- Só és őrölt fehér bors, ízlés szerint
- ½ csésze növényi olaj
- ½ csésze apróra vágott friss kapor

MUSTÁROS KARPSZÓSZ:
- 3 evőkanál dijoni mustár
- 1 evőkanál cukor
- 1 evőkanál ecet
- Só és őrölt fehér bors, ízlés szerint
- ½ csésze növényi olaj
- ½ csésze apróra vágott friss kapor

UTASÍTÁS:
a) Egy csipesszel vagy tűhegyű fogóval távolítsunk el minden apró csontot a filékről.
b) Egy tálban keverjük össze a cukrot, a sót és a borsot.
c) Egy tepsi alját beborítjuk a kapor harmadával.
d) A cukor-só keverék felét bedörzsöljük az első filébe, mindkét oldalát, majd bőrös oldalával lefelé a kaporra fektetjük.
e) Fedjük le ⅓ kaporral.
f) Ugyanígy elkészítjük a másik lazacfilét is, és a maradék filével befedjük, bőrös felével felfelé, a tetejére a maradék kaporral.
g) Fedjük le műanyag fóliával, tegyünk rá egy vágódeszkát nehéz súlyokkal, és pácoljuk a hűtőszekrényben 24 órára.
h) Vegye ki a műanyag fóliából, és dobja ki a felgyülemlett levet.
i) Csomagolja vissza, és tegye hűtőszekrénybe további 24-48 órára.
j) Kaparjuk le a pácot, és szeleteljük vékonyra a papírt.

Mustáros kapros szósz:
k) Egy tálban összekeverjük a mustárt, a cukrot, az ecetet, a sót és a borsot.
l) Lassan keverjük hozzá az olajat, amíg a keverék besűrűsödik.
m) Hozzákeverjük az apróra vágott friss kaprot.
n) Tálald a Gravlaxot mustáros kapros szósszal, papírvékonyra szeletelve, és élvezd!

54.Svéd csirke saláta

ÖSSZETEVŐK:

- 3 csésze kockára vágott hideg, főtt csirke
- ½ csésze majonéz
- ⅓ csésze tejföl
- 2-3 teáskanál curry por
- Só és bors ízlés szerint
- Ropogós salátalevelek, mossuk és szárítjuk
- 2 keményre főtt tojás, meghámozva és kockákra vágva
- 6 töltött olajbogyó, szeletelve
- 2 evőkanál kapribogyó, lecsepegtetve
- 3 evőkanál finomra vágott kapor savanyúság

UTASÍTÁS:

a) Keverje össze a csirkét majonézzel, tejföllel és curryporral.
b) Sózzuk, borsozzuk. Jól összekeverni.
c) Hűtőbe tesszük legalább 1 órára, hogy összeérjenek az ízek.
d) Tálaláskor a salátaleveleket egy tálra rendezzük.
e) A csirkesalátát kanalazzuk a salátára.
f) Díszítsük keményre főtt tojással, olajbogyóval, kapribogyóval és apróra vágott kapros savanyúsággal.

55. Norvég borókával pácolt lazac

ÖSSZETEVŐK:
- 2 kiló lazac filé
- ½ csésze borókabogyó
- 2 evőkanál Só
- 4 evőkanál cukor
- ¼ csésze dijoni mustár
- ½ csésze porcukor
- ½ evőkanál olívaolaj
- ½ evőkanál kapor, finomra vágva

MUSTÁRSZÓSZ:
- Keverjük össze a mustárt, a cukrot, az olajat és a kaprot.

UTASÍTÁS:
a) Mossa meg a lazacot, szárítsa meg, és távolítsa el a csontokat.
b) A borókabogyót robotgépben vagy turmixgépben törjük össze.
c) Keverjük össze a sót és a cukrot.
d) Dörzsölje bele a só és a cukor keverékét a lazac mindkét oldalába. Tegye a lazacot laposan, bőrével lefelé egy serpenyőbe.
e) A lazac tetejére zúzott borókabogyót szórunk. Fedjük le alufóliával, és helyezzünk rá súlyokat (például több doboz ételt vagy egy kis deszkát egy-két dobozzal).
f) 48 órára hűtőbe tesszük, a lazacot többször megforgatjuk. Tartsa a súlyt a lazac fölött.
g) A borókabogyót lekaparjuk, a lazacot vékony szeletekre vágjuk, mustáros szósszal tálaljuk.

Mustár szósz:

h) Keverjük össze a dijoni mustárt, a porcukrot, az olívaolajat és a finomra vágott kaprot.
i) Élvezze a finom norvég borókával pácolt lazacot!

56.Svéd stílusú steak

ÖSSZETEVŐK:

- 2 kiló csont nélküli kerek steak
- Só, bors
- 1 teáskanál kaporfű
- 1 közepes hagyma, szeletelve
- 1 marhaleves kocka, morzsolva
- ½ csésze víz
- ¼ csésze liszt
- ¼ csésze víz
- 1 csésze tejföl

UTASÍTÁS:

a) A steaket adag méretű darabokra vágjuk. Sózzuk, borsozzuk. Lassú főzőedénybe tesszük.
b) Adjunk hozzá kaprot, hagymát, húsleveskockát és ½ csésze vizet.
c) Fedjük le és főzzük alacsony lángon 6-8 órán keresztül.
d) Távolítsa el a húst.
e) Sűrítsük be a levet ¼ csésze vízben feloldott liszttel. Fordítsa a szabályozót magasra, és főzze 10 percig, vagy amíg kissé besűrűsödik.
f) Keverjük hozzá a tejfölt.
g) Kapcsolja le a hőt.

57. Norvég borsóleves

ÖSSZETEVŐK:
LEVES:
- 1 font szárított hasított borsó
- 2 liter víz
- 2 nagy hagyma, apróra vágva
- 3 nagy sárgarépa, apróra vágva
- 2 zellerborda, apróra vágva
- 1 közepes burgonya, apróra vágva
- Só ízlés szerint
- Bors, ízlés szerint

HÚSGOLYÓK:
- 1 kiló sertéskolbász
- ½ csésze búzacsíra

DÍSZÍT:
- Vágott petrezselyem

UTASÍTÁS:
LEVES:
a) Tegye az összes hozzávalót (hasított borsó, víz, hagyma, sárgarépa, zeller, burgonya, só és bors) egy leveses fazékba, és lassú tűzön párolja két órán át.
b) Adjunk hozzá fűszereket ízlés szerint.

HÚSGOLYÓK:
c) A sertéskolbászból kis golyókat formázunk.
d) Forgassa meg a sertésgolyókat búzacsírában.
e) Finoman helyezze a sertésgolyókat a levesbe.
f) Lassan pároljuk még egy órát, vagy amíg a leves el nem készül.
g) Díszítsen minden tálat apróra vágott petrezselyemmel.
h) Élvezze a kiadós norvég borsólevest!

58.Lazac Grillezett Hagymával

ÖSSZETEVŐK:

- 2 csésze keményfaforgács, vízbe áztatva
- 1 nagy oldalas tenyésztett norvég lazac (kb. 3 font), a tűcsontokat eltávolítva
- 3 csésze Smoking Sólé, vodkával
- ¾ csésze dohányzó dörzsölő
- 1 evőkanál szárított kaporfű
- 1 teáskanál hagymapor
- 2 nagy vöröshagyma, hüvelyk vastag kockákra vágva
- ¾ csésze extra szűz olívaolaj 1 csokor friss kapor
- 1 citrom 1 gerezd fokhagyma finomra reszelt héja, ledarálva
- Durva só és őrölt fekete bors

UTASÍTÁS:

a) Tegye a lazacot egy jumbo (2 gallonos) cipzárral zárható zacskóba. Ha csak 1 gallonos zacskóid vannak, vágd ketté a halat, és használj két zacskót. Adja hozzá a sóoldatot a zacskó(k)hoz, nyomja ki a levegőt, és zárja le. 3-4 órára hűtőbe tesszük.

b) Keverje össze 1 evőkanál kivételével az egészet a szárított kaporral és hagymaporral, és tegye félre. A hagymaszeleteket jeges vízbe áztatjuk. Melegítsen fel egy grillsütőt közvetett, alacsony hőfokra, körülbelül 225 ¡F-ra füsttel. A faforgácsot lecsepegtetjük, és a grillre helyezzük.

c) Vegye ki a lazacot a sós léből, és törölje szárazra papírtörlővel. Dobja ki a sóoldatot. A halat megkenjük 1 evőkanál olajjal, a húsos oldalát megszórjuk a benne szárított kaporral.

d) Emelje ki a hagymát a jeges vízből, és szárítsa meg. Kenjük be 1 evőkanál olajjal, és szórjuk meg a maradék 1 evőkanál dörzsöléssel. Tegye félre a halat és a hagymát 15 percre pihenni.

e) Kenje meg a grillrácsot és alaposan kenje be olajjal. Helyezze a lazacot húsával lefelé közvetlenül a tűzre, és grillezze 5 percig, amíg a felülete aranybarna nem lesz. Egy nagy hallapáttal vagy két normál spatulával fordítsa a halat bőrével lefelé, és helyezze a grillrácsra távol a tűztől. Tegye a hagymaszeleteket közvetlenül a tűz fölé.

f) Zárja le a grillsütőt, és süsse, amíg a lazac kívül szilárd, de nem száraz, a közepén pedig rugalmas lesz, körülbelül 25 percig. Ha elkészült, a nedvesség átszivárog a felületen, amikor finoman megnyomja a halat. Nyomás alatt nem szabad teljesen pelyhesedni.

g) A főzési idő alatt egyszer fordítsa meg a hagymát.

KÖRETEK ÉS SALÁTÁK

59.Norvég hússaláta

ÖSSZETEVŐK:
- 1 csésze Julienne csík főtt marha-, borjú- vagy bárányhúsból
- 1 csésze Julienne csík sült vagy főtt sonka
- 1 evőkanál darált hagyma
- 6 evőkanál salátaolaj
- 2 evőkanál almaecet
- ½ teáskanál bors
- 1 teáskanál darált petrezselyem
- ¼ csésze kemény tejszín vagy tejföl
- 1 kemény tojás, szeletelve
- 1 főtt vagy ecetes cékla, szeletelve

UTASÍTÁS:
a) A felvágott húsokat összekeverjük a darált hagymával.
b) Keverjük össze az olajat, az ecetet, a borsot és a petrezselymet.
c) Az öntethez keverjük a tejszínt.
d) Keverjük össze az öntetet a húsokkal, enyhén keverjük össze.
e) Szeletelt tojással és répával díszítjük.
f) Ezt a norvég hússalátát főétel salátaként tálaljuk. Élvezd!

60. Dán ropogós hagyma

ÖSSZETEVŐK:

- 4 nagy fehér húsú hagyma
- ½ csésze univerzális liszt, szitálatlan
- 1½ hüvelyk salátaolaj

UTASÍTÁS:

a) A hagymát megpucoljuk és vékonyan felszeleteljük. Válogasd karikákra a szeleteket, és tedd egy nagy zacskóba a liszttel.
b) Zárja le a zacskót, és rázza meg, hogy bevonja a gyűrűket.
c) Egy mély, 3 literes serpenyőben, nagy lángon melegítsük fel a salátaolajat 300 fokra.
d) Adja hozzá a hagyma körülbelül egyharmadát az olajhoz, és süsse körülbelül 10 percig, vagy amíg a hagyma aranybarna nem lesz. Szabályozza a hőt úgy, hogy a hőmérséklet 275 fok legyen.
e) A hagymát gyakran keverjük meg. Szürekanállal emeljük ki a hagymát az olajból, és nedvszívó anyagon csepegtessük le. Távolítson el minden olyan részecskét, amelyek gyorsabban barnulnak, mint mások, hogy megakadályozzák a megégést.
f) A maradék hagymát ugyanezzel az eljárással megpirítjuk az olajon.
g) A hagymát melegen vagy hidegen tálaljuk. Amikor teljesen kihűlt, légmentesen zárva tárolja későbbi felhasználás céljából.
h) Legfeljebb három napig tárolja a hűtőszekrényben, vagy 1 hónapig a fagyasztóban.
i) Közvetlenül a hűtőszekrényből vagy a fagyasztóból tálaljuk. Az újramelegítéshez egy rétegben kenjük szét egy sekély serpenyőben, és tegyük 350 fokos sütőbe 2-3 percre.

61. Dán feta sajtos sült paradicsom

ÖSSZETEVŐK:

- 3 nagy paradicsom, félbevágva
- csipetnyi bors
- ½ csésze majonéz
- ½ csésze dán feta sajt, finomra morzsolva
- 1 evőkanál apróra vágott zöldhagyma
- ⅛ teáskanál szárított kakukkfű

UTASÍTÁS:

a) A paradicsomot kissé kimagozzuk, majd megszórjuk borssal.
b) Egy tálban keverjük össze a majonézt, a dán feta sajtot, az apróra vágott zöldhagymát és a szárított kakukkfüvet.
c) A feta keveréket kanalazzuk a paradicsomfelekre.
d) Süssük körülbelül 5 percig, vagy amíg a teteje aranybarna nem lesz.

62. Norvég homár burgonyával és tejszínes salátával

ÖSSZETEVŐK:
MAJONÉZ (ALAPRECEPT):
- 3 friss tojássárgája (kicsi)
- 1 evőkanál fehérborecet
- 1 teáskanál citromlé
- 1 teáskanál Jó minőségű dijoni finomra őrölt mustár
- Tengeri só és frissen őrölt fekete bors
- 150 milliliter jó minőségű olívaolaj (1/4 pint)
- 290 milliliter Jó minőségű salátaolaj (napraforgóolaj, de szója nem) (1/2 pint)
- 1 csipet porcukor

NOSH burgonyasaláta:
- 450 gramm kis újburgonya (1 font)
- 6 újhagyma, átlósan vékonyra szeletelve
- 150 milliliter majonéz (1/4 pint) (lásd a fenti receptet)
- 4 evőkanál tejföl
- 3 evőkanál finomra vágott friss metélőhagyma
- Tengeri só és frissen őrölt fekete bors

HOMÁR:
- 1 homár (1,5-2,5 font)
- 180 gramm tengeri só (6 uncia)
- 1 gallon víz
- 1 finomra vágott piros chili (magozva és kimagozva)
- 2 gerezd fokhagyma, zúzott

UTASÍTÁS:
MAJONÉZ (ALAPRECEPT):
a) A tojássárgáját keverjük össze ecettel, és hagyjuk állni 5-10 percig, egyszer-kétszer megkeverjük.
b) A sárgáját habosra verjük a sóval és a mustárral. Csepegtessük bele az összekevert olajokat, alaposan keverjük bele, folyamatosan verjük, amíg az olaj fele el nem fogy.
c) Adjuk hozzá a citromlevet, öntsük és keverjük bele az olajat.
d) Állítsa be a fűszerezést. Ha a majonéz túl hígnak tűnik vagy megrepedt, egy külön edényben verjünk fel egy másik sárgáját, és fokozatosan öntsük bele az eredeti keveréket, jól verjük fel.

NOSH burgonyasaláta:
e) A burgonyát sós vízben puhára főzzük, de a közepe „viaszos". Jeges vízben felfrissítjük, jól lecsepegtetjük, és lehúzzuk a héját. Vékony körökre szeleteljük.
f) A felszeletelt újhagymát adjuk a majonézhez és a tejfölhöz. Sóval és frissen őrölt fekete borssal ízesítjük.
g) Hozzáadjuk a felszeletelt burgonyát, óvatosan, de alaposan összedolgozzuk. Adjunk hozzá metélőhagymát, és hajtsuk bele. Ha a keverék túl száraznak tűnik, adjunk hozzá még majonézt, amíg nedves lesz.

HOMÁR:
h) Főzzük a homárt egy nagy serpenyőben, sós vízben 10-15 percig 1,5 fontig és 15-20 percig 2,5 fontig.
i) A homár akkor fő, amikor a víz enyhén forr. Vágja félbe a homárt.
j) Távolítsa el a gyomrot és a beleket, tisztítsa meg a többit, és élvezze.
k) Tálaláskor adjunk hozzá apróra vágott vörös chilit és zúzott fokhagymát a majonézes keverékhez. Helyezzen egy babát a gyomor eltávolításakor maradt helyre.

63.Svéd sült bab

ÖSSZETEVŐK:
- ¾ csésze vékonyra szeletelt hagyma
- ½ csésze kockára vágott sárgarépa
- 1 evőkanál apróra vágott fokhagyma
- 1 evőkanál olívaolaj
- ⅓ csésze fehérbor
- 3 csésze Főtt Eszter svédbab
- ⅓ csésze sötét melasz
- 2 evőkanál szójaszósz
- 1 evőkanál dijoni mustár
- Só; megkóstolni
- Frissen őrölt fekete bors; megkóstolni

UTASÍTÁS:
a) Melegítse elő a sütőt 350 fokra.
b) Egy serpenyőben olívaolajon mérsékelt lángon enyhén pirítsd a hagymát, a sárgarépát és a fokhagymát.
c) Összekeverjük a többi hozzávalóval, és enyhén kivajazott vagy olajozott tepsibe tesszük.
d) Fedő nélkül 35-40 percig sütjük.

64.Norvég sült alma

ÖSSZETEVŐK:

- 2 nagy piros sütőalma
- 4 uncia Gjetost sajt, 1 csésze aprítva
- ⅓ csésze apróra vágott pekándió
- ¼ csésze mazsola
- 2 evőkanál barna cukor
- ½ teáskanál fahéj
- ⅛ teáskanál szerecsendió

UTASÍTÁS:

a) Vágja félbe a nagy piros sütőalmát, és távolítsa el a magházat, hogy almaféleket készítsen.
b) Egy 8 hüvelykes, mikrohullámú sütőben használható edényben keverje össze a reszelt Gjetost sajtot, az apróra vágott pekándiót, a mazsolát, a barna cukrot, a fahéjat és a szerecsendiót.
c) Egyforma adagokat kanalazunk a keverékből minden almafélbe és rá.
d) Mikrohullámú sütőben 5-6 percig, 3 perc után forgassa el az edényt (vagy használjon forgótányért).
e) Fedjük le műanyag fóliával, és hagyjuk állni 3 percig.

65.Dán káposzta tekercs

ÖSSZETEVŐK:

- 1 közepes zöld káposzta
- ½ teáskanál Só
- 2 evőkanál margarin
- ½ csésze apróra vágott hagyma
- ¾ csésze kockára vágott zeller
- 1 sárgarépa, durvára aprítva
- 1 kiló sovány darált marhahús
- ½ font szeletelt Havarti sajt
- ¾ csésze sör
- ½ csésze chili szósz
- ½ csésze aprított havarti

UTASÍTÁS:

a) Öblítse le a káposztát hideg vízben, és távolítsa el a külső leveleket.
b) Tegye a káposztát egy nagy vízforralóba 2 csésze forrásban lévő vízzel. Fedjük le szorosan. Forraljuk fel és csökkentsük a hőt. Körülbelül 3 percig főzzük.
c) Kezdje el lefejteni a leveleket, és helyezze el őket egy nagy tepsiben. Éles késsel vágja le a nehéz bordákat, hogy a megtöltött káposztaleveleket könnyen feltekerhesse.
d) Rendezzünk el 8 nagy levelet, és helyezzünk rá kisebb leveleket.
e) Egy nagy serpenyőben felolvasztjuk a margarint. Adjuk hozzá a hagymát, a zellert és a sárgarépát.
f) Adjuk hozzá a marhahúst és barnítsuk meg. Körülbelül 5 percig főzzük fedő nélkül.
g) Minden káposztalevélre tegyünk egy szelet Havarti sajtot. Mindegyiket megtöltjük körülbelül ½ csésze húskeverékkel.
h) Két oldalát ráhajtjuk a töltelékre, és feltekerjük. Tegye a káposzta tekercseket egy tepsibe (8½ x 12 hüvelyk), a varrás oldalával lefelé.
i) Felöntjük a sörrel. Az edényt szorosan lefedjük alufóliával.
j) 350 fokon 30 percig sütjük.
k) Távolítsa el a fóliát, és kanalazzon sört a káposztára.
l) A tetejére reszelt sajttal kevert chiliszószt kanalazzuk.
m) Visszatesszük a sütőbe, és fedő nélkül további 5 percig sütjük.
n) Élvezze a dán káposzta tekercset!

66.Svéd Cole-Slaw édesköményével

ÖSSZETEVŐK:
- 1 egész édeskömény
- 1 sárgarépa
- 1 gerezd fokhagyma
- 2 evőkanál szárított áfonya
- 2 evőkanál vörösborecet
- 2 evőkanál méz
- 2 evőkanál növényi olaj
- Só és bors ízlés szerint

UTASÍTÁS:
a) Az édesköményt finomra vágjuk.
b) A sárgarépát lereszeljük.
c) A fokhagyma gerezdjét lereszeljük.
d) Egy közepes keverőtálban keverje össze az édesköményt, a sárgarépát, az áfonyát és a fokhagymát.
e) Egy külön tálban elkészítjük az öntetet a vörösborecet, a méz, a növényi olaj, a só és a bors összekeverésével.
f) Adjuk hozzá az öntetet a salátás keverékhez, ízlés szerint igazítsuk.
g) Hagyja állni legalább 4 órát, hogy az ízek összeérjenek, és az édeskömény bepácolódjon.

67. Svéd Rutabagas

ÖSSZETEVŐK:

- 2 közepes rutabaga, meghámozva, negyedelve és 1/4" vastagra szeletelve
- 2 evőkanál barna cukor
- ½ teáskanál őrölt gyömbér
- ½ teáskanál Só
- ⅛ teáskanál bors
- 2 evőkanál vaj

UTASÍTÁS:

a) Főzzük a rutabagát forrásban lévő sós vízben; csatorna.
b) Egy tálban keverjük össze a barna cukrot, a gyömbért, a sót és a borsot. Keverjük össze alaposan.
c) Adjuk hozzá a cukrot és a fűszerkeveréket a vajjal együtt a rutabagákhoz.
d) Lassú tűzön óvatosan keverjük, amíg a cukor elolvad, körülbelül 2-3 percig.

68. Dán uborkasaláta

ÖSSZETEVŐK:

- 3 nagy uborka, meghámozva
- Só
- ⅔ csésze fehér ecet
- ½ csésze víz
- ½ csésze cukor
- ½ teáskanál Só
- ¼ teáskanál fehér bors
- 2 evőkanál Friss kaporlevél apróra vágva, ill
- 1 evőkanál szárított kapor
- Piros/sárga koktélparadicsom (díszítésnek)

UTASÍTÁS:

a) Az uborkát nagyon vékonyra szeleteljük. Rendezzük őket rétegesen egy nem alumínium tálba, minden réteget megszórva sóval.
b) Tegyünk egy tányért az uborkák tetejére, és egy nehéz súlyt az edényre. Hagyja őket szobahőmérsékleten néhány órára vagy egy éjszakára a hűtőszekrényben.
c) Az uborkát alaposan csepegtessük le. Papírtörlőn szárítsa meg. Tedd vissza egy tálba.
d) Egy kis serpenyőben forraljuk fel az ecetet, vizet, cukrot, sót és borsot.
e) Csökkentse a hőt, és keverje 3 percig, amíg a cukor fel nem oldódik.
f) A forró keveréket az uborkára öntjük.
g) Megszórjuk apróra vágott kaporral. Hűtsük le 3-4 órán keresztül.
h) Az uborkát lecsepegtetjük, és koktélparadicsommal körülvéve üvegtálban tálaljuk.

69.Norvég petrezselymes burgonya

ÖSSZETEVŐK:
- 2 kiló Kis piros újburgonya
- ½ csésze vaj vagy margarin
- ¼ csésze friss petrezselyem, apróra vágva
- ¼ teáskanál szárított majoránna

UTASÍTÁS:

a) Főzzük a burgonyát forrásban lévő sós vízben 15 percig, vagy amíg megpuhul.

b) A burgonyát kissé lehűtjük. Egy éles késsel távolítson el egy keskeny bőrcsíkot minden burgonya közepéről.

c) Egy nagy serpenyőben felolvasztjuk a vajat. Hozzáadjuk a petrezselymet és a majoránnát.

d) Adjuk hozzá a burgonyát, és óvatosan keverjük addig, amíg bevonat nem lesz és átmelegszik.

GYÜMÖLCSLEVESEK

70. Dán almaleves

ÖSSZETEVŐK:
- 2 nagy alma kimagozva, meghámozva
- 2 csésze Víz
- 1 fahéjrúd
- 3 egész szegfűszeg
- ⅛ teáskanál só
- ½ csésze cukor
- 1 evőkanál kukoricakeményítő
- 1 csésze friss aszalt szilva, hámozatlanul és szeletelve
- 1 csésze friss őszibarack, meghámozva és felvágva
- ¼ csésze portói bor

UTASÍTÁS:
a) Egy közepesen nagy serpenyőben keverje össze az almát, a vizet, a fahéjrudat, a szegfűszeget és a sót.
b) Keverjük össze a cukrot és a kukoricakeményítőt, és adjuk hozzá a pürésített almás keverékhez.
c) Adjuk hozzá a szilvát és az őszibarackot, és addig pároljuk, amíg ezek a gyümölcsök megpuhulnak, és a keverék kissé besűrűsödik.
d) Adjuk hozzá a portói bort.
e) Egyedi adagok tetejére egy csésze könnyű tejföllel vagy zsírmentes vaníliás joghurttal.

71. Norvég áfonya leves

ÖSSZETEVŐK:

- 1 boríték ízesítetlen zselatin
- ¼ csésze hideg víz
- 4 csésze friss narancslé
- 3 evőkanál friss citromlé
- ¼ csésze cukor
- 2 csésze friss áfonya, megmosva
- Friss menta, díszítéshez

UTASÍTÁS:

a) A zselatint egy pudingpohárban hideg vízben megpuhítjuk. Forró (nem forrásban lévő) vízbe tesszük, amíg fel nem olvad és használatra kész.
b) Keverjük össze a narancslevet, a citromlevet és a cukrot az olvasztott zselatinnal. Addig keverjük, amíg a cukor és a zselatin fel nem oldódik.
c) Hűtsük le, amíg a keverék sűrűsödni nem kezd.
d) Az áfonyát beleforgatjuk a keverékbe.
e) Tálalásig hűtsük le.
f) Kihűtött húsleves csészékbe kanalazzuk, és friss mentával díszítjük.
g) Élvezze a frissítő norvég áfonyalevest!

72.Dán almaleves gyümölccsel és borral

ÖSSZETEVŐK:

- 2 nagy alma, kimagozzuk, kihámozzuk és nagy kockákra vágjuk
- 2 csésze Víz
- 1 fahéjrúd (2 hüvelyk)
- 3 egész szegfűszeg
- 1/8 teáskanál Só
- ½ csésze cukor
- 1 evőkanál kukoricakeményítő
- 1 csésze friss aszalt szilva, hámozatlanul és nyolcadokra szeletelve
- 1 csésze friss őszibarack, meghámozva és nagy kockákra vágva
- ¼ csésze portói bor

UTASÍTÁS:

a) Egy közepesen nagy serpenyőben keverje össze az almát, a vizet, a fahéjrudat, a szegfűszeget és a sót.
b) Fedjük le, és közepes lángon főzzük, amíg az alma megpuhul.
c) Távolítsa el az egész fűszereket, és pürésítse a forró keveréket egy durva szűrőn.
d) Keverjük össze a cukrot és a kukoricakeményítőt, és adjuk a pürésített almás keverékhez.
e) Adjuk hozzá a szilvát és az őszibarackot, és addig pároljuk, amíg ezek a gyümölcsök megpuhulnak, és a keverék kissé besűrűsödik. Ez nagyon rövid ideig tart.
f) Adjuk hozzá a portói bort, és ízesítsük meg, hogy édes legyen, ha szükséges, adjunk hozzá még cukrot. Ne feledje azonban, hogy ennek az almalevesnek fanyar ízűnek kell lennie.
g) Hűtsük le alaposan.
h) Egyedi adagok tetejére egy csésze könnyű tejföllel vagy zsírmentes vaníliás joghurttal.
i) A tejszínt vagy a joghurtot enyhén meghintjük egy kis szerecsendióval.

73. Dán édes leves

ÖSSZETEVŐK:
- 1 liter piros gyümölcslé
- ½ csésze mazsola, arany
- ½ csésze ribizli
- ½ csésze aszalt szilva; vagy szilva kimagozva és apróra vágva
- ½ csésze cukor
- 3 evőkanál tápióka, perc
- 2 szelet Citrom
- Kis fahéjrúd

UTASÍTÁS:
a) Keverje össze a gyümölcslevet, a mazsolát, a ribizlit, az aszalt szilvát és a cukrot.
b) Pároljuk pár percig, majd adjunk hozzá pár szelet citromot és egy kis fahéjrudat.
c) Adjunk hozzá tápiókát.
d) Folytassa a főzést, amíg a tápióka tisztára nem fő, keverje meg, hogy ne ragadjon le.
e) Az edényekbe kanalazzuk, és tejszínnel vagy Cool Whip-pel tálaljuk.

74. Norvég gyümölcsleves (Sotsuppe)

ÖSSZETEVŐK:
- 1 csésze kimagozott szárított aszalt szilva
- ¾ csésze mazsola
- ¾ csésze szárított sárgabarack
- Hideg víz
- ¼ csésze Gyorsan főzhető tápióka, nyersen
- 2 csésze Víz
- 2 evőkanál citromlé
- 1 csésze szőlőlé
- 1 teáskanál Ecet
- ½ csésze cukor
- 1 fahéjrúd

UTASÍTÁS:
a) Keverje össze az aszalt szilvát, a mazsolát és a sárgabarackot egy 3 literes serpenyőben. Adjunk hozzá annyi vizet, hogy ellepje, körülbelül 3 csésze. Forraljuk fel, és lassú tűzön főzzük 30 percig.
b) Egy kis serpenyőben forraljunk fel 2 csésze vizet. Keverjük hozzá a tápiókát, és pároljuk 10 percig.
c) Ha a gyümölcs megpuhult, hozzáadjuk a főtt tápiókát, a citromlevet, a szőlőlevet, az ecetet, a cukrot és a fahéjrudat. Forraljuk fel, majd forraljuk további 15 percig. Távolítsa el a fahéjrudat. A keverék besűrűsödik, ahogy lehűl; adjunk hozzá még egy kis vizet vagy szőlőlevet, ha túl sűrűnek tűnik.
d) Melegen vagy hidegen tálaljuk. Ha hidegen tálaljuk, tejszínhabbal díszíthetjük.

DESSZERT

75.Svéd gyümölcs likőrben

ÖSSZETEVŐK:

- 1 pint Áfonya, hántolt
- 1 pint Málna, hántolt
- 1 pint Eper, hántolt
- 1 pint ribizli
- 1 csésze kristálycukor
- ⅔ csésze Pálinka
- ⅔ csésze Könnyű rum
- Tejszínhab a díszítéshez

UTASÍTÁS:

a) Helyezze a bogyókat és a piros ribizlit egy üvegtálba.
b) Adjunk hozzá cukrot, pálinkát és rumot, időnként megkeverve.
c) Egy éjszakán át áztatjuk a hűtőben.

76.Svéd csokoládédesszert konungens torták

ÖSSZETEVŐK:

- 2¼ csésze Pillsbury legjobb univerzális lisztje
- ½ csésze Cukor
- ⅓ csésze Kakaó
- ½ teáskanál Kettős hatású sütőpor
- ½ teáskanál Só
- ¾ csésze Vaj
- 1 Tojás; kissé megverve
- 1 evőkanál Tej - Töltelék
- 1 Tojás
- ¼ csésze Cukor
- ¼ csésze Pillsbury legjobb univerzális lisztje
- 1 csésze Tej
- 1 teáskanál Francia vanília
- ½ csésze Tejszínhab - Csokoládé töltelékhez---
- 3 evőkanál Kakaó
- 3 evőkanál Cukor - Csokoládé cukormáz---
- 2 evőkanál Vaj; olvasztott
- 2 evőkanál Kakaó
- ½ csésze Porcukor
- 1 Tojássárgája
- ¼ teáskanál Francia vanília

UTASÍTÁS:

a) 375 fokon 12-15 percig sütjük.
b) Szitáljuk össze a lisztet, a cukrot, a kakaót, a sütőport és a sót.
c) A vajat addig vágjuk, amíg a részecskék kis borsó méretűek lesznek.
d) Adjunk hozzá 1 enyhén felvert tojást és 1-1 evőkanál tejet; villával vagy botmixerrel összeturmixoljuk.
e) Egy nagy, ki nem zsírozott tepsire tesszük.
f) Lisztezett sodrófával egy sütőlapon 15 x 11 hüvelykes téglalappá nyújtjuk.
g) Vágja le a széleket késsel vagy cukrászkoronggal. Vágja három 11 x 5 hüvelykes téglalapra.
h) Mérsékelt sütőben, 375 fokon 12-15 percig sütjük.
i) Hűtsük le a tepsiben. Óvatosan lazítsa meg egy spatulával.
j) A rétegeket alufóliával borított karton tetejére halmozzuk, a rétegek között a széltől ¼ hüvelykig terítse el a tölteléket.

k) Frost top. kívánság szerint pirított, szeletelt mandulával díszítjük. Hűtsük le, amíg a cukormáz meg nem köt.
l) Lazán csomagolja be alufóliába; hűtsük le egy éjszakán át.

TÖLTŐ:
m) Verjünk fel 1 tojást világosra és habosra.
n) Fokozatosan adjuk hozzá a cukrot, folyamatosan verjük sűrűre és világosra. Belekeverjük a lisztet.
o) Fokozatosan adjunk hozzá egy dupla kazán tetején leforrázott tejet.
p) Tegye vissza a keveréket dupla kazánba. Forrásban lévő víz felett állandó keverés mellett sűrűre és simára főzzük. Adjunk hozzá vaníliát; menő.
q) ½ csésze habtejszínt keményre verünk, és a töltelékhez forgatjuk.
r) Keverjünk össze ½ csésze habot, kakaót és cukrot. Verjük sűrűre.

CSOKOLÁDEMÉR:
s) Keverjük össze az olvasztott vajat, a kakaót, a cukrászati cukrot, a tojássárgáját és a vaníliát. Verjük simára.

77.Dán kéksajtos pite

ÖSSZETEVŐK:
KÉREG
- 11 uncia Pumpernickel kenyér (1 vekni)
- ½ csésze vaj (margarin nélkül)

SAJTÁS PITE:
- 2 boríték ízesítetlen zselatin
- ½ csésze hideg víz
- 4 uncia krémsajt
- ¼ csésze granulált cukor
- 4 uncia dán kéksajt
- 1 csésze nehéz krém
- 1 font mag nélküli zöld szőlő

UTASÍTÁS:
KÉREG
a) Melegítsük elő a sütőt 250 F fokra.
b) Szárítsa meg a kenyérszeleteket a sütőben, amíg elég kemény nem lesz ahhoz, hogy könnyen összetörjön (kb. 20-25 perc).
c) A vajat felolvasztjuk.
d) Törje össze a kenyeret, és készítsen körülbelül 1,5 csésze morzsát.
e) Adjuk hozzá az olvasztott vajat és a cukrot, jól keverjük össze.
f) Nyomd bele a morzsát egy 9 hüvelykes piteformába.
g) Emelje fel a sütő hőmérsékletét 350 F.-ra, és süsse meg a héjat 15 percig.
h) Töltés előtt hagyjuk kihűlni.

SAJTÁS PITE:
i) Egy közepes méretű serpenyőben keverje össze a zselatint vízzel, és főzze közepesen magas lángon, folyamatos keverés mellett, amíg a keverék tiszta nem lesz (kb. 6-8 perc). Menő.
j) Egy nagy keverőtálban a krémsajtot habosra és simára verjük.
k) A kéksajtot jól pépesítjük és összedolgozzuk a krémsajttal.
l) A kihűlt zselatines keveréket a sajttal ellátott tálba öntjük és jól összedolgozzuk.
m) A tejszínt kemény habbá verjük, és a sajtos masszához forgatjuk.
n) Óvatosan öntsük a tölteléket az előkészített tésztába.
o) Nyomjuk a szőlőt függőlegesen a pitébe úgy, hogy a teteje látszódjon.
p) Hűtsük le a pitét néhány órára, vagy amíg meg nem áll.

78. Norvég mandula puding

ÖSSZETEVŐK:

- ¼ csésze kukoricakeményítő
- 1 csésze tej
- 2 tojás, szétválasztva
- 1 csésze nehéz krém
- ½ csésze cukor
- ¼ csésze finomra őrölt mandula
- 1 evőkanál rum

UTASÍTÁS:

a) A tojásfehérjét kemény habbá verjük; félretesz, mellőz.
b) Keverje össze a kukoricakeményítőt ¼ csésze tejjel sima masszává. Belekeverjük a tojássárgáját.
c) Egy serpenyőben keverjük össze a maradék tejet, a tejszínt, a cukrot és a finomra őrölt mandulát. Felforral.
d) Csökkentse a hőt, és keverje hozzá a kukoricakeményítő keveréket. 5 percig lassú tűzön, állandó keverés mellett főzzük.
e) Levesszük a tűzről, és belekeverjük a rumot.
f) Belekeverjük a keményre vert tojásfehérjét.
g) Öntsük a keveréket egy tálba, és hűtsük le.
h) Meleg gyümölcsmártással tálaljuk.
i) Élvezze az elragadó norvég mandulapudingot!

79.Svéd piskóta

ÖSSZETEVŐK:

- 4 tojás; elválasztott
- ½ teáskanál Só
- 4 evőkanál hideg víz
- 1 csésze süteményliszt; vagy 3/4 c univerzális liszt plusz 1/4 c kukoricakeményítő
- 1 teáskanál citrom kivonat
- 1 csésze cukor; rostált

UTASÍTÁS:

a) A tojássárgáját hideg vízzel sűrűre és halványsárgára verjük.
b) Adjunk hozzá citromkivonatot a tojássárgás keverékhez.
c) A tojássárgájához apránként hozzáadjuk az átszitált cukrot és a sót, és alaposan felverjük.
d) A süteménylisztet 4-szer átszitáljuk, és a sárgás keverékhez keverjük.
e) 4 tojásfehérjét verj fel addig, amíg csúcs nem lesz, DE NEM SZÁRAZ. Óvatosan a sárgás keverékhez keverjük.
f) Öntsön egy tubusos serpenyőbe vagy egy nagy, 9x13 hüvelykes lapos tepsibe, CSAK az alját zsírozza meg.
g) 325 fokos sütőben 45 percig sütjük.
h) Fordítsa meg a csőformát, amíg a sütemény kihűl.

80.Vegán svéd fahéjas tekercs (Kanelbullar)

ÖSSZETEVŐK:

TÉSZTA
- 1 csésze cukrozatlan mandulatej, enyhén meleg (100-110 °F)
- ¼ csésze vegán vaj, olvasztott
- 2 evőkanál biocukor
- 1 teáskanál instant száraz élesztő ½ teáskanál kóser só
- 2¾ csésze univerzális liszt, osztva

TÖLTŐ
- 6 evőkanál vegán vaj, szobahőmérsékletű
- 6 evőkanál bio sötétbarna cukor
- 1 evőkanál őrölt fahéj

TOJÁS MOSÁS
- 2 evőkanál cukrozatlan mandulatej
- 1 teáskanál agave nektár

ZOMÁNC
- 2 evőkanál cukrozatlan mandulatej ½ csésze porcukor
- ¼ teáskanál vanília kivonat svéd gyöngycukor, szóráshoz

UTASÍTÁS:

a) A tészta hozzávalóiból a mandulatejet, az olvasztott vajat és a cukrot egy nagy keverőtálban habosra keverjük.

b) Az élesztőt beleszórjuk a tejes keverékbe, és hagyjuk 5 percig virágozni.

c) Adjunk hozzá kóser sót és 2¼ csésze lisztet a tej és élesztő keverékhez, majd keverjük jól össze.

d) Fedjük le a tálat egy törülközővel vagy műanyag fóliával, és tegyük meleg helyre 1 órára kelni, vagy amíg a duplájára nő.

e) Bontsa ki és gyúrjon bele ½ csésze univerzális lisztet a megkelt tésztába. Addig folytasd a dagasztást, amíg el nem veszíti ragacsosságát. Lehet, hogy további lisztet kell hozzáadnia.

f) Nyújtsa ki a tésztát egy nagy, körülbelül ½ hüvelyk vastag téglalappá. Rögzítse a sarkokat, hogy élesek és egyenletesek legyenek.

g) A töltelék hozzávalóiból megpuhult vegán vajat megkenjük a tésztán, és egyenletesen megszórjuk barna cukorral és fahéjjal.

h) A tésztát feltekerjük, rönköt formálunk, és a varrást összezárjuk. Helyezze a varrás oldalával lefelé. Vágja le az egyenetlenségeket mindkét végén.

i) Vágja félbe a rönköt, majd ossza fel mindegyik felét 8 egyenlő méretű, körülbelül 1,5 hüvelyk vastag darabra.

j) Béleljük ki az ételtálcát sütőpapírral, majd helyezzük a tálcára a fahéjas tekercseket.
k) Fedjük le műanyag fóliával, és tegyük meleg helyre 30 percre kelni.
l) Válassza az Air Fryer Toaster Oven Előmelegítés funkcióját, állítsa be a hőmérsékletet 375°F-ra, majd nyomja meg a Start/Szünet gombot.
m) A tojásmosó hozzávalóit habosra keverjük, és vékonyan megkenjük a fahéjas tekercsek tetejét.
n) Helyezze be az előmelegített sütőbe az ételtálcát a fahéjas tekercsekkel középen.
o) Válassza ki a Sütés funkciót, állítsa be az időt 18 percre, majd nyomja meg a Start/Szünet gombot.
p) Ha kész, távolítsa el.
q) A máz hozzávalóiból a mandulatejet, a porcukrot és a vaníliakivonatot habosra keverjük a cukormáz elkészítéséhez, megkenjük vele a fahéjas tekercseket, majd a tekercseket megszórjuk svéd gyöngycukorral.
r) Tálalás előtt hűtsük le, vagy melegen fogyasszuk.

81. Svéd Puff kávé torta

ÖSSZETEVŐK:
- 1 csésze univerzális liszt
- 1/2 csésze hideg vaj, kockára vágva
- 2 evőkanál jeges víz

FELTÉTEL:
- 1 csésze víz
- 1/2 csésze vaj
- 1 teáskanál mandula kivonat
- 1 csésze univerzális liszt
- 3 nagy tojás

ZOMÁNC:
- 1 csésze cukrászcukor
- 2 evőkanál vaj, megpuhult
- 1 evőkanál 2%-os tej
- 1 teáskanál mandula kivonat
- 1 csésze édesített kókuszreszelék

UTASÍTÁS:
a) Melegítse elő a sütőt 375 ° - ra .
b) Egy kis tálba tegyünk lisztet; vajban omlósra vágjuk. Lassan adjunk hozzá jeges vizet, villával dobjuk addig, amíg a tészta össze nem áll, amikor megnyomjuk. Nyomd a tésztát 10 hüvelykesre. karikázzuk a kikent tepsire.
c) Feltöltés: A vajat és a vizet egy nagy serpenyőben forraljuk fel. Vegye le a hőről; kivonattal keverjük össze. Egyszerre adjunk hozzá lisztet; turmixolásig verjük. Közepes lángon főzzük, amíg a keverék golyót nem formál, és erőteljesen keverve elválik az edény oldalától. Vegye le a hőről; 5 percig állni hagyjuk.
d) Egyenként adjuk hozzá a tojásokat; mindegyik után jól simára verjük. Verjük fényesre és simára; péksüteményre kenjük.
e) 30-35 percig enyhén barnára sütjük; az utolsó 5 percben, ha szükséges, lazán takarja le alufóliával, hogy elkerülje a túlbarnulást. Tegye át a serpenyőből a rácsra; hagyjuk teljesen kihűlni.
f) Máz: A kivonatot, a tejet, a vajat és a cukrászati cukrot egy kis tálban simára keverjük. A tetejére terítjük; kókuszdió segítségével megszórjuk.

82. Svéd sajtkrém

ÖSSZETEVŐK:
- 2 csésze tej
- 2 tojás, jól felverve
- Só ízlés szerint
- Csipetnyi paprika
- 1 csésze sajt, reszelve

UTASÍTÁS:
a) Keverjük össze a tejet és a jól felvert tojást.
b) Adjunk hozzá sót, paprikát és reszelt sajtot. Keverjük össze alaposan.
c) Öntse a keveréket egy jól olajozott formába.
d) Fedjük le papírral és tegyük forró vízbe.
e) 350°F-os sütőben megsütjük, amíg meg nem áll.
f) Hűtsük le, formázzuk ki, és tálaljuk salátán a kívánt öntettel.

83.Svéd krém bogyókkal

ÖSSZETEVŐK:

- 1 boríték ízesítetlen zselatin
- ¼ csésze hideg víz
- 2⅓ csésze Tejszínhab
- 1 karton fagyasztott eper vagy 2 doboz (kis) friss eper
- 1 csésze cukor
- 1 pint Tejföl
- 1 teáskanál vanília kivonat

UTASÍTÁS:

a) A zselatint vízben feloldjuk, 5 percig állni hagyjuk, hogy megpuhuljon.
b) Helyezze a tejszínt egy serpenyőbe; hozzáadjuk a cukrot és a zselatint. Óvatosan kevergetve, krémes állagúra melegítjük.
c) Levesszük a tűzről és sűrűre hűtjük. Tegye a hűtőszekrénybe 30-60 percre, hogy felgyorsítsa a sűrűsödést.
d) Amikor részben besűrűsödött, beleforgatjuk a tejfölt és a vaníliát.
e) Öntsük zserbéspoharakba, helyet hagyva a bogyóknak. Hűtsük le 8 órán át.
f) Kivesszük a hűtőből, a svéd krém tetejére kanalazunk bogyókat. A bogyókból származó gyümölcslé ízt ad.

84. Dán kúpok

ÖSSZETEVŐK:

- ½ csésze vaj
- ½ csésze cukor
- 5 tojásfehérje
- 1 csésze Liszt

UTASÍTÁS:

a) A vajat habosra keverjük, majd hozzáadjuk a cukrot és jól összedolgozzuk.
b) Adjuk hozzá az átszitált lisztet, és forgassuk bele a keményre vert tojásfehérjét.
c) A tésztát kivajazott tortaformába simítjuk, és közepes hőmérsékletű sütőben nagyon világosbarnára sütjük.
d) Még melegen négyzetekre vágjuk, és Krammerhus-t vagy kúpokat formázunk.
e) Közvetlenül tálalás előtt megtöltjük enyhén édesített és ízesített tejszínhabbal.

85.Norvég karácsonyi puding

ÖSSZETEVŐK:
- 1 font vaj
- 2 csésze Víz
- 6 evőkanál Liszt
- 1¼ csésze liszt
- 6 csésze tej
- ½ teáskanál Só
- 1 Felvert tojás
- 2 teáskanál cukor
- Fahéj

UTASÍTÁS:
a) A vajat és a vizet összeolvasztjuk, 5 percig forraljuk.
b) Adjunk hozzá 6 evőkanál lisztet és keverjük össze habverővel. Hagyja állni néhány percig, és távolítsa el a kilépő zsírt (ezt később használjuk fel).
c) Adjunk hozzá 1¼ csésze lisztet, és keverjük újra.
d) Hozzáadjuk a felforrósított tejet. Használjon elektromos keverőt a csomók elkerülése érdekében. Verés közben hozzáadjuk a sót, a felvert tojást és a cukrot.
e) Tedd a keveréket egy edénybe, hogy melegen tartsa, és öntsd a pudingra a sovány zsírt. Adjunk hozzá cukrot és fahéjat ízlés szerint.
f) Élvezze a norvég karácsonyi pudingot!

86. Svéd vörösáfonya Pavlova

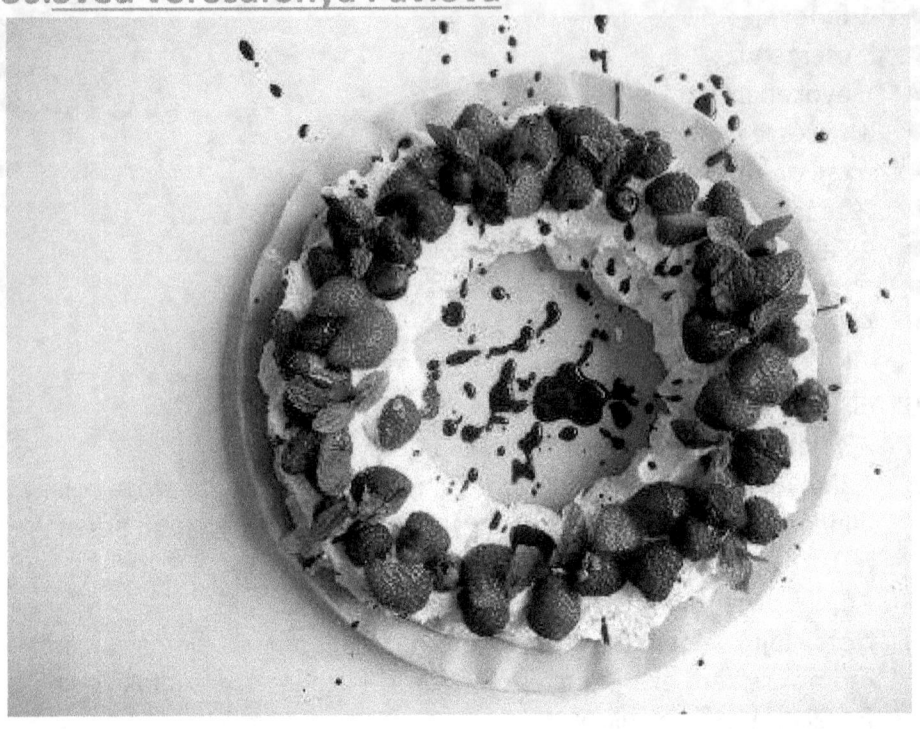

ÖSSZETEVŐK:

- 6 tojás fehérje
- 1 1/2 csésze kristálycukor
- 1 evőkanál kukoricakeményítő
- 1 teáskanál fehér ecet
- 1 csésze tejszínhab
- 1/2 csésze vörösáfonya lekvár
- Friss vörösáfonya a díszítéshez

UTASÍTÁS:

a) Melegítsük elő a sütőt 300°F-ra (150°C). Egy tepsit kibélelünk sütőpapírral.
b) Egy nagy keverőtálban verjük fel a tojásfehérjét, amíg lágy csúcsok nem lesznek.
c) Fokozatosan, egy-egy evőkanál hozzáadásával adjuk hozzá a cukrot, miközben a tojásfehérjét kemény habbá verjük.
d) Óvatosan keverje hozzá a kukoricakeményítőt és a fehér ecetet.
e) Az előkészített tepsire kanalazzuk a habcsókos keveréket, enyhén emelt szélű, kerek pavlova alapot formázunk belőle.

Süssük 1 órán keresztül, vagy amíg a pavlova kívül ropogós, belül pedig enyhén puha nem lesz. Kapcsolja ki a sütőt, és hagyja teljesen kihűlni a pavlovát a sütőben.

Ha a pavlova kihűlt, óvatosan tegyük át egy tálra. A közepét megtöltjük tejszínhabbal, a tetejére pedig vörösáfonyalekvárt teszünk.

Díszítsük friss vörösáfonyával és tálaljuk.

87.Svéd csokitorta

ÖSSZETEVŐK:

- 1 csésze rövidítés
- 1½ csésze cukor
- 3 tojás
- 2 uncia Sütőcsokoládé (cukrozatlan), olvasztott
- 2 csésze tortaliszt
- 2 teáskanál Sütőpor
- 1 teáskanál Só
- ¼ teáskanál szódabikarbóna
- 1 csésze tejszín, nehéz
- 2 teáskanál vanília kivonat

UTASÍTÁS:

a) Melegítsük elő a sütőt 325 F fokra. Vajazz ki egy Bundt serpenyőt, és szórjunk rá körülbelül 2 evőkanál száraz zsemlemorzsát, ügyelve arra, hogy jól be legyen vonva.
b) Egy nagy tálban habosra keverjük a cukrot és a cukrot.
c) Egyenként hozzákeverjük a tojásokat, minden hozzáadás után jól felverve.
d) Hozzákeverjük az olvasztott csokoládét.
e) Szitáljuk össze a tortalisztet, a sütőport, a sót és a szódabikarbónát.
f) Keverjük össze a tejszínt és a vaníliakivonatot.
g) A tejszínes keveréket és az átszitált száraz hozzávalókat felváltva adjuk a csokis keverékhez, a száraz hozzávalókkal kezdve és befejezve.
h) Öntse a tésztát az előkészített tepsibe.
i) 50-60 percig sütjük, vagy amíg a közepébe szúrt fogpiszkáló tisztán ki nem jön.
j) Hűtsük le a tortát a tepsiben néhány percig, mielőtt kivesszük.

88. Norvég kávétorta "Kringlas"

ÖSSZETEVŐK:

- ½ csésze margarin
- 1 csésze cukor
- 1 teáskanál vanília
- 1 tojás
- 1 csésze író
- 1 teáskanál szódabikarbóna
- 3 csésze Liszt
- 2½ teáskanál Sütőpor
- 1 teáskanál Só

UTASÍTÁS:

a) A vaníliát és a tojást jól összekeverjük. Adjunk hozzá írót és szódát (vagy 7-1), és szitáljuk ebbe a keverékbe a száraz hozzávalókat.

b) Adjuk hozzá a többi hozzávalót, jól keverjük össze. Helyezze a tartályt a hűtőszekrénybe, és hűtse le egy éjszakán át.

c) A kihűlt tésztát kivesszük és kis darabokat hosszú csíkokra nyújtunk. Nyolcas alakúra formázzuk őket (mint a perec). Körülbelül egy órára tegyük vissza a hűtőbe, és hagyjuk a kívánt magasságra emelkedni.

d) Melegítse elő a sütőt 450 Fahrenheit-fokra. Süssük a kringlát az előmelegített sütőben körülbelül 6-8 percig. Ügyeljen rájuk, mert a sütési idő az időjárás függvényében változhat. A sütőből való kivétel előtt világosbarnának kell lenniük.

e) A hűtés kulcsfontosságú lépés a "Kringla" készítésében. Míg hűtés nélkül is sütheti őket, az ízük fokozódik, ha lehűtjük. Élvezze a házi készítésű „Kringlas" norvég kávétortát!

89.Dán almás és aszalt szilvás sütemény

ÖSSZETEVŐK:

- 5 uncia vaj
- 7 uncia porcukor
- 2 tojás, jól felverve
- 3 uncia Önnövekvő liszt
- 4 uncia őrölt mandula
- 4 uncia tej
- 1 teáskanál vanília
- 1 evőkanál forrásban lévő víz
- ½ teáskanál Sütőpor
- 8 Kimagozott aszalt szilva apróra vágva
- 4 uncia héjas dió, apróra vágva és 2 evőkanál cukorral elkeverve
- 2 zöld alma, kimagozva és felszeletelve
- 3 evőkanál cukor
- Őrölt fahéj
- Vaj

UTASÍTÁS:

a) A tészta hozzávalóit aprítógépben 10 másodpercig keverjük össze.
b) Fuss körbe egy spatulát a tál körül, és dolgozd tovább 5 másodpercig.
c) Öntse a masszát egy jól kivajazott 10 hüvelykes kerek tortaformába.
d) Helyezze az aszalt szilvát a tésztára.
e) Rákanalazzuk a dió-cukros keveréket.
f) Az almaszeleteket elrendezzük a dió tetején.
g) Előmelegített 375 fokos sütőben 45 percig sütjük.
h) A felületet megszórjuk cukorral és fahéjjal.
i) Kenjük meg vajjal, és süssük még 20-25 percig, vagy amíg a nyárs tisztán ki nem jön.
j) Élvezze a dán almás és aszalt szilvás süteményt!

90.Norvég rebarbara desszert

ÖSSZETEVŐK:

- 1 ½ kiló rebarbara
- 1½ csésze víz
- ¾ csésze cukor
- ½ teáskanál vanília
- 3 evőkanál kukoricakeményítő
- 1 csésze kemény tejszín
- ¼ csésze cukor
- 1 teáskanál vanília

UTASÍTÁS:

a) A rebarbarát megmossuk, feldaraboljuk, és fél centis szeletekre vágjuk.
b) A rebarbarát a vízzel és a cukorral összekeverjük, majd puhára pároljuk.
c) Keverjük hozzá a vaníliát.
d) Keverjük össze a kukoricakeményítőt kevés hideg vízzel, hogy sima, kemény masszát kapjunk.
e) Folyamatos keverés mellett adjuk hozzá a kukoricakeményítő masszát a rebarbarához, és főzzük 5 percig, vagy amíg sűrű és tiszta nem lesz.
f) Öntse a keveréket egy üveg tálalóedénybe.
g) A tejszínt kemény habbá verjük.
h) A felvert tejszínhez adjuk a cukrot és a vaníliát, és tovább verjük kemény habbá.
i) A tejszínhabot a rebarbarabefőtt tetejére csepegtessük egy tésztacsövön, dekoratív körökben.
j) Alternatív megoldásként kenjük be a tetejét egy kanál tejszínhabbal.
k) Ha inkább tejszínhab nélkül tálaljuk, tálalhatjuk úgy is, hogy minden adagra felöntjük egy kis tejjel.

91.Svéd Tosca

ÖSSZETEVŐK:
TORTA:
- ½ csésze forrásban lévő víz
- ¼ csésze hengerelt zab
- ½ csésze szilárdan csomagolt barna cukor
- ½ csésze cukor
- 3 evőkanál Light margarin
- ½ teáskanál mandula- vagy kókuszkivonat
- 1 csésze univerzális liszt
- ¼ csésze tojáshelyettesítő (vagy 1 tojás)
- 1 teáskanál Sütőpor
- ¼ teáskanál Só
- ¼ csésze hengerelt zab

FELTÉTEL:
- ¼ csésze szilárdan csomagolt barna cukor
- 1 evőkanál Liszt
- 2 evőkanál Light margarin
- ¼ csésze kókusz
- 2 evőkanál apróra vágott dió (elhagyható)
- 2 evőkanál sovány tej
- ¼ teáskanál vanília

UTASÍTÁS:
a) Melegítsük elő a sütőt 350°F-ra. Permetezzen be egy 8 hüvelykes, négyzet alakú serpenyőt tapadásmentes főzőpermettel. Tegye félre.
b) Egy kis tálban keverj össze ¼ csésze zabot és forrásban lévő vizet. Hagyja állni 5 percig.
c) Egy nagy tálban keverje össze a cukrot, ½ csésze barna cukrot, 3 evőkanál margarint, mandula- vagy kókuszkivonatot és tojást vagy tojáspótlót. Jól verd meg. Adjuk hozzá a zab keveréket, és verjük további 2 percig közepes sebességgel.
d) Enyhén kanál lisztet egy mérőpohárba; szintet kiegyenlíteni. Adjunk hozzá 1 csésze lisztet, sütőport és sót. Verjük további 2 percig.
e) A masszát az előkészített tepsibe öntjük. Süssük 350 °F-on 25-30 percig, vagy amíg egy fogpiszkáló tisztán ki nem jön.
f) Eközben egy kis tálban keverj össze ¼ csésze zabot, ¼ csésze barna cukrot és 1 evőkanál lisztet. Jól összekeverni. 2 evőkanál margarint omlósra vágunk. Ha használ, keverje hozzá a kókuszt és a diót.
g) Adjunk hozzá tejet és vaníliát az öntethez, és jól keverjük össze.
h) A feltétet a forró süteményre kenjük. 5-7 centiméterre a tűzről pároljuk 2-3 percig, vigyázva, hogy ne égjen meg a sütemény. Süssük buborékos és aranybarnára.
i) Rácson kissé lehűtjük, és melegen tálaljuk.

92.norvég Riskrem

ÖSSZETEVŐK:

- ¾ csésze rizs
- 1 teáskanál Só
- 4 csésze tej
- ½ csésze cukor
- ½ teáskanál mandula kivonat
- 1 pint Nehéz tejszín, ízlés szerint felverve és édesítve
- ½ csésze mandula, apróra vágva
- 1 egész mandula

UTASÍTÁS:

a) Főzzük a rizst és a sót tejben egy dupla bojlerben, amíg a rizs megpuhul, és a keverék sűrű lesz, körülbelül 1,5 órán keresztül.
b) Adjunk hozzá cukrot és mandula kivonatot. Hideg.
c) Adjuk hozzá az apróra vágott mandulát és egy egész mandulát.
d) Belekeverjük a tejszínhabot.
e) Piros gyümölcs szósszal (málna, eper vagy vörösáfonya) tálaljuk.

93. Dán fondü

ÖSSZETEVŐK:

- 6 uncia sovány középső bacon, héját eltávolítjuk és apróra vágjuk
- 1 kis hagyma, apróra vágva
- 3 teáskanál vaj
- 3 teáskanál sima liszt
- 8 folyadék uncia Lager
- 8 uncia reszelt Havarti sajt
- 8 uncia reszelt Samso sajt
- kicsi Édes-savanyú uborka és könnyű rozskenyér darabok, tálalásra

UTASÍTÁS:

a) A szalonnát, a hagymát és a vajat egy lábasba tesszük, és addig sütjük, amíg a szalonna aranybarna és a hagyma megpuhul.

b) Keverjük hozzá a lisztet, majd fokozatosan adjuk hozzá a lágert, és sűrűn kevergetve főzzük sűrűre.

c) Folyamatos keverés mellett adjuk hozzá a sajtokat, és folytassuk a főzést, amíg a sajtok megolvadnak és a keverék sima lesz.

d) Öntsük fondü edénybe, és uborkával és könnyű rozskenyér darabokkal tálaljuk.

94.Svéd sajtos pite

ÖSSZETEVŐK:

- 1 x alaptészta pitehéj; 9"
- 2 csésze túró
- 3 nagy tojás
- ¼ csésze fehérítetlen liszt; Rostált
- ¼ csésze granulált cukor
- 1 csésze könnyű krém
- ½ csésze mandula; Pirított, finomra vágott

UTASÍTÁS:

a) Melegítsük elő a sütőt 350 F fokra.
b) A túrót szitán nyomd át. Tegyük egy nagy keverőtálba, és keverjük simára.
c) Hozzáadjuk a tojást, a lisztet, a cukrot, a tejszínt és a finomra vágott mandulát. Jól keverjük össze.
d) Öntse a keveréket az előkészített 9 hüvelykes tésztalepénybe.
e) Süssük körülbelül 45 percig, vagy amíg egy kés tisztán ki nem jön.
f) Tálalás előtt vegyük ki a pitét a sütőből, és hűtsük le.

95.Norvég lazactorták

ÖSSZETEVŐK:

- 10 evőkanál Vaj
- 2 bögre Liszt
- Víz; hideg
- 1 evőkanál Vaj
- 1 nagy Hagyma; apróra vágva
- 1 csésze Gomba; szeletelt
- ½ csésze Tejföl
- 1 font Lazac filé
- 2 Tojás; enyhén megvert
- 2 teáskanál Kapor; frissen, apróra vágva
- Só
- Bors
- 1 Tojásfehérje; kissé megverve
- 1 csésze Tejföl
- 2 teáskanál metélőhagyma; apróra vágva
- 1 teáskanál Kapor; frissen, apróra vágva
- 1 kötőjel Fokhagyma por

UTASÍTÁS:

PÉTA KÉSZÍTÉSÉHEZ:

a) A vajat botmixerrel lisztre vágjuk, és időnként hozzáöntjük a vizet, amíg kemény tésztát nem kapunk.

b) Tekerjük fel és vágjuk ki a felső és alsó héjat 12 tortához.

A TÖLTETÉS ELKÉSZÍTÉSÉHEZ :

c) Egy serpenyőben felolvasztjuk a vajat, hozzáadjuk a hagymát és megpirítjuk. Adjunk hozzá gombát és tejfölt; pároljuk öt percig, és hűtsük le. Ezalatt a halat buggyantjuk fel vagy pároljuk, amíg könnyen pelyhesedik. Egy tálban csepegtessük le a halat és a pelyheseket. Az egész tojást és a kaprot összekeverjük a hallal. Ízlés szerint sózzuk, borsozzuk.

d) Turmixoljuk össze a halat és a gombás keveréket, majd kanalazzuk az alsó kéregbe. A tetejét megkenjük a második kéreggel, és a széleket összenyomjuk a lezáráshoz.

e) Kenjük meg tojásfehérjével a tetejét és a széleit. Szúrja meg a kéregeket a gőznyílásokhoz.

f) Süssük 10 percig 450 F.-on, vagy amíg a kéreg aranybarna nem lesz.

FELTÉT KÉSZÍTÉSÉHEZ:

g) Keverjük össze a tejfölt és a fűszereket.

h) Tálalás előtt minden tortához adjunk egy kanállal.

ITALOK

96.Isten Hammer

ÖSSZETEVŐK:

- 15 milliliter citromlé
- 15 milliliter narancslé
- 30 milliliteres svéd puncslikőr
- 60 milliliter világos fehér rum

UTASÍTÁS:
a) A hozzávalókat jéggel összerázzuk, majd kihűtött pohárba szűrjük.
b) Díszítsük narancshéj csavarással.

97.Orvos

ÖSSZETEVŐK:
- 22 ml limelé
- 45 milliliter érlelt rum
- 45 milliliteres svéd puncslikőr

UTASÍTÁS:
a) jéggel összerázzuk, majd kihűtött pohárba szűrjük.
b) Díszítsük lime héja csavarásával.

98. Svéd kávé mix

ÖSSZETEVŐK:

- ½ csésze instant kávé granulátum
- ¼ csésze szilárdan csomagolt barna cukor
- ¼ teáskanál őrölt fahéj
- ¼ teáskanál Darált szegfűszeg
- ¼ teáskanál Őrölt szerecsendió
- ¼ teáskanál reszelt narancshéj

UTASÍTÁS:

a) Keverjük össze az összes hozzávalót, jól keverjük össze.
b) Szobahőmérsékleten, légmentesen záródó edényben tárolandó.
c) Keverjünk össze 1 evőkanál kávékeveréket és 1 csésze forrásban lévő vizet. Tetszés szerint tejszínhabbal megkenjük.

99. svéd lándzsa

ÖSSZETEVŐK:
- 30 milliliter rózsaszín grapefruitlé
- 30 milliliteres svéd puncslikőr
- 60 milliliter bourbon whisky
- Brit bitter ale

UTASÍTÁS:
a) Rázzuk fel az első három hozzávalót jéggel, és szűrjük le hűtött pohárba. A tetejére sört.
b) Grapefruit szelettel díszítjük.

100. Dán kávé

ÖSSZETEVŐK:

- 8 csésze forró kávé
- 1 csésze sötét rum
- 3/4 csésze cukor
- 2 fahéj rúd
- 12 szegfűszeg (egész)

UTASÍTÁS:

a) Egy nagyon nagy, vastag serpenyőben keverje össze az összes hozzávalót, fedje le, és tartsa alacsony lángon körülbelül 2 órán át.

b) Kávésbögrékben tálaljuk.

KÖVETKEZTETÉS

A „Skandináv étkezések leleplezve" című felfedezésünk befejezésekor szívből jövő elismerésünket fejezzük ki, amiért csatlakozott hozzánk ezen a kulináris utazáson az észak gazdag és autentikus ízein keresztül. Reméljük, hogy ez a 100 recept lehetővé tette, hogy megízlelje a skandináv konyha esszenciáját, ízelítőt hozva otthonába a régió kulináris varázslatából.

Ez a szakácskönyv több, mint egyszerű receptgyűjtemény; Ez egy felhívás, hogy magáévá tegyük az egyszerűség szépségét, a semmiből való alkotás örömét és azt az elégedettséget, amely az asztal körüli ízletes pillanatok megosztásából fakad. Miközben ízlelgeti ezen autentikus skandináv alkotások utolsó falatait, arra biztatjuk, hogy továbbra is fedezze fel az észak kínálta gazdag kulináris kárpitokat.

A "Skandináv ételek leleplezve" inspirálja jövőbeli kulináris törekvéseit, és Skandinávia autentikus ízei továbbra is melegséggel, örömmel és az északi vendégszeretet szellemével díszítsék konyháját. Skål!

www.ingramcontent.com/pod-product-compliance
Lightning Source LLC
Chambersburg PA
CBHW071329110526
44591CB00010B/1076